dtv

»Neues Geld ist ein bißchen wie eine neue Braut.« Der große finnische Schriftsteller M. A. Numminen weiß um die erotisierende Wirkung von Münzen und Scheinen. Dabei spielt es keine Rolle, ob von der Finnmark, der deutschen Mark oder der italienischen Lira die Rede ist. Für sie alle hat »das letzte Stündlein« geschlagen, wie der Italiener Claudio Magris leicht wehmütig feststellt. Ab 1. Januar 2002 gilt in zwölf europäischen Ländern eine einheitliche Währung, der Euro. Diesem einschneidenden Ereignis ist die vorliegende Sammlung gewidmet: Zehn international bekannte Autoren wie u. a. Michel Tournier, Martin Walser und Leon de Winter nehmen Abschied von ihrer vertrauten Landeswährung – in persönlichen Erinnerungen oder historischen Reflexionen, teils amüsant-ironisch, teils heiter-nostalgisch. Zum Abschluß schildert Ulrich Weinzierl einen Besuch bei »Mister Euro«, dem Banknotendesigner, mit dessen Geldscheinen wir bis auf weiteres in der Eurozone unser täglich Brot bezahlen.

Uwe Wittstock, 1955 in Leipzig geboren, war Literaturredakteur der FAZ, verantwortlicher Lektor für deutsche Literatur beim S. Fischer Verlag, von 1990 bis 1999 Herausgeber der Literaturzeitschrift ›Neue Rundschau‹ und ist seit 2000 stellvertretender Leiter des Feuilletons der ›Welt‹. Er veröffentlichte mehrere Monographien und Materialienbände über verschiedene deutsche Schriftsteller, zuletzt das Buch ›Leselust. Wie unterhaltsam ist die neue deutsche Literatur?‹.

Ade, ihr schönen Scheine

Europäische Schriftsteller nehmen Abschied von ihren Währungen

Herausgegeben von
Uwe Wittstock

Deutscher Taschenbuch Verlag

Originalausgabe
November 2001
Deutscher Taschenbuch Verlag GmbH & Co. KG,
München
www.dtv.de

Umschlagkonzept: Balk & Brumshagen
Umschlaggestaltung und Satz: Stephan Schöll

Gesetzt aus der Garamond 10/12,9'
Druck und Bindung: Kösel, Kempten
Gedruckt auf säurefreiem, chlorfrei gebleichtem Papier
Printed in Germany • ISBN 3-423-20514-8

Inhalt

»Das oft leidenschaftliche, stets große Interesse, das den praktischen Fragen des Geldwesens und des Geldwertes gilt, erklärt sich ja nur daraus, daß sich im Geldwesen eines Volkes alles spiegelt, was dieses Volk will, tut, erleidet, *ist*.«

Joseph A. Schumpeter

DEUTSCHE BUNDESBANK
Hundert
Deutsche Mark
DEUTSCHE BUNDESBANK
100
100
Clara Schumann

Martin Walser

Mindestens Halbmast

Wie also wollen wir die Ermordung der europäischen Münzen parieren?

Der Umtausch der Mark in Francs, Peseten oder Lire war immer ein Freiheitserlebnis. Was du in der Mark wert warst, wußtest du nur zu genau. Die fremden Währungen haben sich empfinden lassen wie die fremden Sprachen. Jede fremde Sprache ist auch eine Erlösung von der eigenen. In der fremden Sprache sagt man Sätze, für die man eigentlich nicht verantwortlich gemacht werden kann. Je t'aime, das sagend, bin ich doch schon Schauspieler, spiele eine Rolle. Und was für eine. So auch mit dem Geld.

Geld in fremden Währungen auszugeben war immer leichter, als sich zu Hause der eigenen zähen Mark zu entledigen. Wenn man in Catania in der Hotelhalle an einer Vitrine vorbeigehen mußte, in der ein Negligé einem das Vorbeikommen unmöglich machte, wenn man angesichts dieses Negligés begriff, warum es für dieses Ensemble kein deutsches Wort geben kann, dann war der Preis, 300 000 Lire, einfach noch eine zusätzliche Dosis zur Verzauberung. Der Kauf wurde zum Abenteuer, zur Eroberung. In Mark, zu Hause, hat man sich, wenn man sich zu einem solchen Kauf verführen ließ, gefühlt wie nach einer Niederlage.

Die fremden Währungen haben beim Geldausgeben das Nichtzählen leichtgemacht. Die Zahlen hatten unversehens eine musikalische Qualität. Man war beim Geldausgeben so wenig verantwortlich wie beim Fremdsprachensprechen.

Französische Weine kann man doch nicht mit Mark oder Euro kaufen. Château Margaux kaufen mit Euro?! Grauenhaft.

Kahlschlag schlechthin. Und wie sind uns die Maochinesen in ihrer Uniformität vorgekommen!

Der Euro eröffnet das Zeitalter des praktischen Esperanto. Er ist ein Ungeld, wie das Esperanto eine Unsprache ist. Machen können wir nichts. Die Paralleltruppe der Theologen und Philosophen bastelt schon an einer Weltethik. Lassen sich doch Geschäfte, Weltgeschäfte, viel leichter, also viel schneller abwickeln, wenn alles in einer Ethik und in einer Währung passiert. Wir haben zwar Maschinen, die geradezu unendlich wirkende Differenzierungskapazitäten anbieten, aber eben diese Potenzen lassen sich auch zur rasanten Simplifizierung pervertieren. Wenn es nicht gar die universalistische Gleichmachung ist, die diese Maschinen im Schilde führen.

Man verzeihe, daß ich der fast schon ins Immaterielle tendierenden Maschine eine so mittelalterliche Bildlichkeit andiene. Die Intellektuellen sind die Meßdiener bei dieser Orgie der Kommunikation.

Meine Schwerfälligkeit im Geldlichen wird mir demonstriert, wenn ich die Schubladen herausziehe, in denen die fremden Währungen bei mir geblieben sind. Aus kleinsten und größten Ländern habe ich immer auch Geld heimgebracht. Bis ich wieder in diese Länder kam, waren diese Geldsorten oft schon abgesetzt. So hat sich ein düster wirkender Vorrat unbrauchbarer Gelder angesammelt. Es ist mir noch nicht gelungen, dieses obsolete Geld in irgendeiner Mülltonne zu entsorgen. Bewahren – in der hiesigen Sprechweise heißt es aufheben – ist ein gegendübliches Laster. Ein Onkel hatte in seinen Schubladen unter anderem einen Silberling, von dem er glaubte, also behauptete, das sei einer der dreißig Silberlinge, die Judas sich durch den Verrat des Herrn verdient hatte.

Meine Schubladengelder stammen alle aus gelinderen Verratshandlungen. Aber Verrat war wie bei Judas auch bei mir immer mit von der Partie, Geld bekommt man nur für Verrat. Verrat des einen an den anderen. Wertschöpfung eben.

So wächst einem Geld ganz schön ans Herz. Meine Schubladen voller düsterer Münzen und fludriger Scheine sind auch erlebbar als ein Friedhof meiner Reisen. Verrat braucht Reisen. Eben Mobilität. Ganz von selbst wird ein Ort an den nächsten verraten.

Durch den Anbruch des Eurozeitalters werden meine Münzen und Scheine schon mal prähistorisch. Und das ist die Lehre, die uns der Euro erteilt: die Vielfalt muß weg. So wie Tiere und Pflanzen aussterben, so sterben Währungen aus. Die Vereinfacher geben das Tempo an, in dem gestorben wird.

Tatsächlich kommen wir mit weniger Pflanzen-, Tier- und Geld-arten auch über die Runden. Es ist nur so eine dumme Gefühlsgewohnheit, an dem Bisherigen zu hängen.

Aura, das ist die Qualität, die allem, womit wir lang genug umgehen, zuwächst. Und es ist sicher ein Zeichen von Lebensschwäche, daß ich mir eine Euro-Aura nicht vorstellen kann. Aber es wird sie geben. Im Jahr 2084. Oder spätestens, wenn der Euro abgelöst und ersetzt wird durch den Mundo, das globale Weltwährungsziel, die materielle Entsprechung der dann längst verkündeten und in jeder Schalterhalle beziehungsweise Kirche praktizierten Weltethik.

Ich weiß, die professionellen Legitimierer des Tempos weisen jetzt immer öfter stolz darauf hin, daß Goethe das Wort Weltliteratur gemacht und in Umlauf gebracht habe. Hat er, klar. Trendsetter Goethe. Andererseits war er ein leidenschaftlicher Bremser. Manfred Osten hat uns gelehrt, wie Goethe in seiner Zeit das Veloziferische erspürt und empfindlichst beantwortet hat. Andererseits habe ich in Weimar einmal seine Kutsche bestaunt: der reinste Porsche. Man kann eben keine Bewegung erleben, ohne sich dazu eine Gegenbewegung zu wünschen. Damit das Weltgleichgewicht nicht leide!

Wie also wollen wir die Ermordung der europäischen Münzen parieren? Mindestens binnen-europäisch Halbmast flaggen? Oder ganz lassen vom konkreten Geldausgeben? Das wär's vielleicht. Alles per Card und Chip. Das hat etwas. Geld überhaupt virtuell. Damit könnte ich leben. Auch das Eingemachte, an das es dann geht, nichts als virtuell. Wir stellen uns um und ein: Die Welt ist alles, was virtuell ist. Eben so wie es Halbmast schon immer war.

de nederlandsche bank
vijftig gulden
50
NEDERLAND
G
R.D.E.OXENAAR INV + J.J.KRUIT
2273663727
50
AUTEURSRECHT DE NEDERLANDSCHE BANK NV

Leon de Winter

Der erste selbstgestohlene Gulden

Über Hubschrauber, Roombroodjes und das Portemonnaie meiner Mutter

Meine Mutter bewahrte ihr Portemonnaie immer auf dem herausziehbaren Schneidebrett der Küchenzeile auf. So ein Brett, das aussah wie eine Schublade mit dickem Holzboden und ohne Front, galt in den fünfziger Jahren, aus denen die Küche stammte, als der letzte Schrei. Zu seinem eigentlichen Zweck hat meine Mutter es aber nie benutzt; sie legte sich lieber ein viel leichter zu handhabendes loses Brett auf die Arbeitsplatte, wenn sie etwas zu schneiden hatte. Das unhandliche herausziehbare Schneidebrett mutierte zum Aufbewahrungsort. Das Tischtuch lag dort, und dahinter Mutters Portemonnaie.

Weil einer meiner Freunde ohne besonderen Anlaß ein Dinky Toy bekommen hatte, hatte ich auch um eines gebeten. (Dinky Toys waren kleine Spielzeugautos, die es in getreuen Nachbildungen unzähliger Autotypen gab.) Wenn der einfach so ein Dinky Toy bekam, mußte das doch bei mir auch gehen, fand ich. Aber meine Mutter war anderer Meinung und ließ sich durch mein Betteln nicht erweichen.

Ich war sieben und hatte noch nie etwas gestohlen, schon gar nicht Geld, doch jetzt packten mich solche Rachegelüste, daß ich heimlich das Portemonnaie meiner Mutter öffnete und einen Gulden in meine Hosentasche gleiten ließ. Meine Mutter war oben in einem der Schlafzimmer, und ich konnte mir sicher sein, daß es keine Zeugen für meinen Diebstahl gab. Nun hatte ich Geld und war mein eigener Herr. Das war sehr aufregend.

Es war so ein Tag, wie es ihn nur gibt, wenn man noch keine zehn ist: ein warmer Sommertag, die Zeit scheint stillzustehen, die Welt ist für immer voll summender Insekten und duftendem Gras, und die Sonne rührt sich nicht vom Fleck – Mama ist irgendwo im Haus, wo es kühler ist, und die Zimmer riechen nach dem sauberen Bettzeug, das der Lieferwagen von der Wäscherei morgens gebracht hat.

Ich ging in einen verschwiegenen Winkel des Gartens, unter eine der Zierkirschen, und betrachtete den Gulden andächtig. Der niederländische Gulden wurde damals aus einer Legierung mit Silber gemacht und glänzte nicht, sondern war eher matt. Er sah aus und fühlte sich an wie echtes Silber. Und auf ihm prangte das Konterfei von Königin Juliana, was seinen Wert in meinen Augen noch erhöhte.

Doch jetzt, da ich den Gulden hatte, mußte ich einsehen, daß es dumm gewesen wäre, mir ein Dinky Toy dafür zu kaufen. Denn wenn meine Mutter das Auto entdeckte, würde ich nicht erklären können, woher ich es hatte, es sei denn, ich log ihr etwas vor. Das Verlangen, das den Anstoß zu meinem Diebstahl gegeben hatte, konnte ich also nach wie vor nicht stillen. Zwar taten sich nun ungeahnte Möglichkeiten auf, doch der Gulden mußte mit großer Vorsicht investiert werden, darüber war ich mir im klaren. Das, wofür ich ihn ausgab, mußte meiner Mutter verborgen bleiben.

Ich kehrte ins Haus zurück und rief zu meiner Mutter hinauf, daß ich zu Cleem rüberginge. Mit Cleem, der ein paar Straßen weiter wohnte, spielte ich regelmäßig. Meine Mutter war einverstanden.

Daraufhin spazierte ich, den Gulden fest in der linken Hand, die ich in die Tasche meiner kurzen Hose steckte, zu dem neuen Einkaufszentrum, das gerade erst von Prinzessin Beatrix eröffnet worden war. Sie war in einem Hubschrauber auf der Grünfläche vor dem Einkaufszentrum gelandet und hatte ein Band durchgeschnitten. Anläßlich der Eröffnung hatte es auch ein Preisausschreiben gegeben, an dem ich mich beteiligte. Die Gewinner standen noch nicht fest. Den ersten zehn winkte ein Hubschrauberrundflug über die Stadt.

So allein unterwegs und im Besitz eines Guldens kam ich mir ganz groß vor. Ich fragte mich, was ich denn am liebsten haben würde. Ein Dinky Toy. Aber das ging nicht. Ich konnte mir eine Zeitschrift kaufen, ein Donald-Duck-Heft vielleicht, aber das bekamen wir ohnehin schon jede Woche. Ich konnte mir Schokolade kaufen, vielleicht sogar fünf oder zehn Riegel, und sie ganz für mich allein behalten.

Es war schön, einen Gulden zu haben, doch die richtige Verwendung für ihn zu finden war allem Anschein nach gar nicht so leicht.

Im funkelnagelneuen Einkaufszentrum, einem riesigen rechteckigen Gebäudekomplex mit einem Platz in der Mitte, der ausschließlich Fußgängern vorbehalten war, bummelte ich an den erst zum Teil bezogenen Geschäften entlang. Ich studierte die Auslagen von Gemüsegeschäft, Supermarkt, Fahrradhändler und Zeitschriften- und Tabakladen. Aber nichts konnte mich reizen. Bis ich zum Schaufenster der Bäckerei Korengoud gelangte. Da lagen die köstlichsten Roombroodjes, mit gelblicher Puddingsahne gefüllte und mit Puderzucker bestäubte, süße, weiche Brötchen. Roombroodjes aß ich für mein Leben gern. Und mit dem Gulden konnte ich mir ja so viele davon kaufen, wie ich nur essen wollte.

Ich legte den Gulden auf den Ladentisch und fragte: »Wie viele Roombroodjes bekommt man für einen Gulden?«

»Sie kosten zwanzig Cent pro Stück. Fünf also.«

»Gut«, sagte ich.

Die Frau nahm eine große Papiertüte und füllte sie mit dem Gebäck. Mir lief das Wasser im Mund zusammen.

Mit nach Hause nehmen konnte ich die Tüte auf keinen Fall. So ging ich auf einem Umweg, um auch ja nicht meiner Mutter zu begegnen, in den an unser Haus grenzenden Park, wo ich oft mit Cleem Cowboy spielte. An einem verschwiegenen Plätzchen öffnete ich die Tüte und verdrückte gleich zwei Roombroodjes hintereinander. Da war ich satt. Die Roombroodjes schmeckten unheimlich gut, und ich hätte gern alle aufgegessen, aber in meinem Magen war einfach kein Platz mehr. Mir blieb nichts anderes übrig, als die Tüte mit dem restlichen Gebäck zu verstecken und am nächsten Tag wiederzukommen. Und wenn ich vernünftig war, würde ich in den kommenden drei Tagen jeweils nur ein Roombroodje essen. Sorgfältig verschloß ich die Tüte und schob sie unter einen Busch. Dort würde sie keiner finden.

Dann wischte ich mir den Puderzucker vom Gesicht ab und trottete nach Hause. Der Kuchen lag mir schwer im Magen, und auch nach den verwirrenden Empfindungen, die einander in so rascher Folge abgelöst hatten, war mir nicht ganz wohl.

Meine Mutter war in der Küche, als ich nach Hause kam.

»Wie war's bei Cleem?«

»Gut«, antwortete ich mit Unschuldsmiene.

»Ich hab dir was zu sagen«, sagte sie.

Ich schluckte, überzeugt, daß sie den Diebstahl entdeckt hatte. Aus Angst, es könnten noch Puderzuckerreste zurückgeblieben sein, wischte ich mir mit dem Handrücken über den Mund.

»Komm mal her«, sagte meine Mutter.

Sie setzte sich an den Küchentisch, und ich schielte schnell in die Schneidelade. Da war nichts zu sehen.

Schweigend stellte ich mich vor meine Mutter hin.

»Es hat gerade jemand angerufen«, sagte sie. »Weißt du, wer?«

Ich schüttelte den

Kopf, aber mir war klar, daß es nur der Bäcker von Korengoud gewesen sein konnte, der sich erkundigt hatte, ob denn die Roombroodjes geschmeckt hätten, die ich bei ihnen gekauft hatte.

»Du darfst im Hubschrauber mitfliegen. Morgen.«

An der gleichen Stelle, an der die Kronprinzessin ausgestiegen war, wurde ich in die runde Plexiglaskabine gehoben. Ich war der bei weitem jüngste Gewinner und durfte deshalb als erster mit. Ich wurde in einem Sitz neben dem Piloten angeschnallt, man setzte mir einen riesigen Kopfhörer auf, und dann begann das Ding zu vibrieren und ohrenbetäubend zu brüllen. Mit einem Mal löste es sich vom Boden, ich sah meine Mutter winkend und halb lachend, halb weinend unter mir verschwinden, ich konnte über das Dach des Einkaufszentrums sehen, ich sah die Straße, in der Cleem wohnte, und als der Hubschrauber einen Schwenk machte, sah ich meine Schule und die Straße, auf der mein Vater mal mit seinem Auto einen Zusammenstoß verursacht hatte.

Wir flogen auf die Kathedrale im Herzen der Stadt zu, wo der Hubschrauber wieder einen Schwenk machte, um zurückzufliegen.

Ich hörte die Stimme des Piloten im Kopfhörer: »Möchtest du dir noch etwas angucken?«

Ich zog die Schultern hoch. »Unser Haus!« fiel mir ein.

Ich beschrieb ihm, wo es lag, und schon schwirrten wir über den Park, ich sah die Gebüsche unter mir, in denen Cleem und ich uns immer versteckten, und ich hätte schwören können, daß ich auch den weißen Fleck sah, der die Kuchentüte sein mußte. Wir flogen über das rote Dach unseres Hauses, und mir war, als könnte ich quer hindurch in die Küche und auf das eingebaute Schneidebrett sehen.

Als wir gelandet waren, nahm der Pilot mir den Kopfhörer ab und wuschelte mir freundlich durchs Haar.

»Alle Achtung«, sagte er. »Hier«, und er drückte mir einen Gulden in die Hand.

Mit schwindelndem Kopf fiel ich meiner Mutter in die Arme.

»Oh, ich hatte solche Angst, mir war ganz mulmig, als ich dich da so hab aufsteigen sehen!«

Den Gulden legte ich später, sobald ich einen Moment allein in der Küche war, ins Portemonnaie zurück. Erst nach einer Woche ließ ich die Erinnerung an die Roombroodjes an mich heran. Ich ging in den Park, rannte zu dem Versteck, aber eine Kuchentüte war nirgendwo mehr zu finden.

Das ist jetzt vierzig Jahre her, die Bäckerei ist immer noch am gleichen Ort, in dem Haus, in dem ich aufgewachsen bin, wohnen andere, meine Mutter ist tot, und den Gulden wird es auch bald nicht mehr geben. Doch wenn ich die Augen schließe, ist es Sommer, und ich habe einen Gulden in der warmen Faust.

Aus dem Niederländischen von Hanni Ehlers

10000
LA LEGGE PUNISCE
I FABBRICATORI E GLI SPACCIATO
DI BIGLIETTI FALSI
IL GOVERNATORE
IL CASSIERE
Antonio Fazio

Claudio Magris

Ciao, Lira, ciao!

Die Globalisierungsgegner irren: Der Euro ist nicht seelenlos, sondern nur jung

Die – recht begrenzte – Vorstellungskraft des Menschen ist nicht imstande, mit der – weitaus phantastischeren – Wirklichkeit Schritt zu halten. Anfang November 1989, als in Ostberlin schon die großen Demonstrationen begonnen hatten, glaubte niemand, die Mauer könne fallen. Ich erinnere mich noch an einen jungen ostdeutschen Regisseur, der sich aktiv an diesen Protesten beteiligte und der – obgleich beunruhigt darüber, daß die Situation so unsicher war und alles geschehen konnte, selbst eine blutige Niederschlagung – erklärte, die Mauer werde gewiß noch etliche Jahre stehen. Zwei Tage später gab es die Mauer nicht mehr, und er hatte zu denen gehört, die zu ihrem Fall beigetragen hatten.

In wenigen Wochen werden wir den Euro in den Händen halten, wir werden ihn aus der Tasche ziehen, um einen Kaffee zu bezahlen, doch wir haben Mühe, wirklich an ihn zu glauben. Viele von uns wissen nicht genau, was er wert ist. Er ist weit weg, gehört in eine nebulöse Zukunft, die wir gern, mehr oder weniger unbewußt, hinausschieben würden. Für die Lira und die Mark hat das letzte Stündlein geschlagen, doch wir gehen mit ihnen um, als sollten sie wer weiß wie lange gültig bleiben.

Der bereits absehbare Euro ist fast noch eine Glaubenssache, er ruft Skepsis und Angst hervor und veranlaßt zu einfachen Wortspielen mit Neuro- und seinen Ableitungen. Dieses Mißtrauen rührt nicht nur aus seiner Schwäche her, die er in dem ihm vom Dollar erklärten Krieg bisher gezeigt hat, einem für Europa kräftezehrenden Krieg, der es auch auf die blutigen und keineswegs metaphorischen Schlachtfelder des Kosovo zog. Euro bedeutet Europa. Sein Wohl und Wehe wird von der Stärke und der Schwäche dieses Kontinents abhängen, von seiner mehr oder minder großen Fähigkeit, eine konkrete und autonome politische Realität zu sein.

Auf dem Euro lasten die verschiedensten Vorurteile, so auch die Klagen über ein Europa des Geldes, das keine Seele habe. Eine hinfällige Klage, denn es ist töricht, die Seele dem Geld gegenüberzustellen. Auch in der – menschlichen oder unmenschlichen, egoistischen oder solidarischen – Verwendung von Geld zeigt sich, wie eine Seele beschaffen ist. In dem Gleichnis des Evangeliums offenbart gerade das Scherflein der Witwe die Menschlichkeit und Güte der Frau.

Mit dem Euro verbindet sich auch die unbestimmte Angst vor der Globalisierung, die Furcht vor einer Einförmigkeit, die die individuellen Unterschiede auslöscht. Gegenwärtig vollzieht sich weltweit ein Prozeß, der an die großen Veränderungen im Griechenland des 5. Jahrhunderts v. Chr. erinnert, als die Polis, der Stadtstaat, entstand und die alten Familien- und Stammesverbände verschwanden; auf diese Krise, die doch ein Fortschritt war, antwortete die griechische Kultur mit der Tragödie, mit den leidvollen und zugleich lichtvollen Geschichten von den Atriden, von Ödipus und von Antigone.

Die Individualität im eigentlichen, klassischen Sinn, die zwar in ihrer Besonderheit unverwechselbar ist, doch auch das Universale in sich trägt, ist zweifellos das Fundament der europäischen Kultur. Sie wird allerdings nicht nur von der allgemeinen Nivellierung bedroht, sondern ebenso oder noch stärker von dem rückschrittlichen Partikularismus ungebändigter Unterschiede, von einem regionalen und ethnischen Mikronationalismus, der die Zugbrücke hochzieht, um dem Fremden den Eintritt zu verwehren – selbst wenn es der Hausnachbar ist –, und so das Allgemein-

menschliche negiert. Manch einer befürchtet ein Plattwalzen der nationalen und lokalen Besonderheiten durch den Euro. Doch es wäre unnütz, einer »Anarchie der Atome« nachzuweinen, um mit Nietzsche zu sprechen, einer Anarchie vereinzelter, verstreuter Atome, und sich zu wünschen, Europa möge den Fürstentümern der Moldau und der Walachei aus dem 19. Jahrhundert ähneln, in denen siebzig verschiedene Münzarten kursierten: Aspri, Bani, Kopeken, Dukaten, Gulden, Galbenen, Groschen, Leu, Ortul,

Taler, Pitak, Potronik, Schillinge, Timfi, Ughii, Zloty, Tult, Dinare und vielleicht auch der tatarische Dirhem.

Nur ein starkes, vereinigtes Europa mit dem Euro als festes Bindeglied kann die kulturellen, sprachlichen, religiösen und traditionellen Unterschiede, aus denen es besteht, wirklich schützen, so wie sie übrigens auch in der Vergangenheit eher in den großen Mehrvölkerstaaten – vom Römischen Imperium bis hin zum Habsburgerreich – geschützt waren als in der chaotischen partikularistischen Zersplitterung, in der jede Gemeinschaft der Gewalttätigkeit der stärkeren ausgeliefert ist. Heute sind die Nationalitäten, die in der Schweiz alle gleichermaßen den Franken benutzen, besser geschützt als die auf dem Balkan, die verschiedene nationale Währungen verwenden. Es wäre nicht schlecht, wenn der Euro dem römischen Sesterz oder der Krone von Franz Joseph ähnelte, diesen Symbolen eines gemeinsamen Gesetzes, das die Schwachen vor der Gewalt der Starken bewahrt.

Man befürchtet vom Euro ein gleichmacherisches Europa, angeführt von den mächtigsten Staaten auf Kosten der übrigen. Dabei ist die Globalisierung heute ohnehin Realität und ebenso das Gefälle zwischen den reicheren und den ärmeren Nationen. Mit und ohne den Euro und Europa ist es ohnehin für die Deutschen leichter, Lissabon zu kaufen, als für die Portugiesen, Berlin zu erwerben. Gerade deshalb ist – mit dem Euro als Symbol, Voraussetzung und Bindeglied – ein europäischer Einheitsstaat notwendig, der diese Unterschiede kontrolliert und mildert und so die zahlenmäßig und wirtschaftlich schwächsten Kulturen besser schützen kann.

Ein leiser Widerstand gegen den Euro ergibt sich aus seinem abstrakten Charakter. Er hat keine Geschichte, hat für uns bisher weder Form noch Farbe. An ihn knüpfen sich keine Erinnerungen, keine Ereignisse oder Empfindungen aus der Vergangenheit, er spricht das Gedächtnis nicht an, wie es dagegen bei dem mit der Zeit bewährten und abgenutzten Geld der Fall ist, das in dem italienischen Lied mit dem Seufzer »Se potessi avere mille lire al mese« (»Hätt' ich im Monat doch tausend Lire«) oder in dem Märchen von den drei Talern, die der gute Soldat der Bettlerin schenkt, die Phantasie betört. Der Euro hat noch wenig oder gar nichts mit den Louisdoren gemein, die in den ›Drei Musketieren‹ funkeln, oder mit dem blanken Napoleondor, den einer meiner Vorfahren den Überlieferungen der Familie zufolge hin und wieder gern und voller Stolz aus der Tasche zog.

Im Gegensatz zu den Münzen und Banknoten, die man befühlen, in der Hand wägen und riechen kann, erscheint der Euro virtuell und wohl eher aus Bits denn aus Atomen gemacht. Verglichen mit den Scudi, Lire oder Gulden, die mit der Pietas der Generationen verknüpft sind, wirkt der Euro wie die Frucht einer Willkür, eines abstrakten Willens, und eher konstruiert als gewachsen. Doch am Anfang ist alles frei von der Pietas der Vergangenheit, und es entsteht oft durch einen entschlossenen Willensakt, der dem Leben Gewalt anzutun scheint. Auch der Franc und die Peseta haben zu ihrer Zeit ältere, ehrwürdige Währungen verdrängt. Ein alter Mann mit vielen Erinnerungen ist faszinierender als ein Embryo, aber auch der Greis war einmal ein Embryo, der seinerseits ein farbiges und abenteuerliches Leben noch vor sich hat.

Geld an sich ist die Abstraktion par excellence, etwas, das von sich aus keinen Wert besitzt, sondern nur deshalb, weil es alles in etwas anderes umwandelt und den jeweiligen Gebrauchsgegenstand im immateriellen Prozeß des Austauschs zu verflüchtigen scheint. Doch Geld kann auf schreckliche Weise konkret werden. Die Banknote von ich weiß nicht wieviel Millionen oder Milliarden Pengő, die im Londoner Guinness Museum aufbewahrt wird, ist verhängnisvoll real, eine unermeßliche Gestalt aus Fleisch und Blut, der Gigant eines Epos. Ich hoffe, daß der Euro niemals eine so ungeheuerliche Aufblähung erfährt, glaube jedoch, daß er in der Zukunft eine wahre literarische Gestalt werden kann – wie die Guineen bei Defoe oder die Francs bei Balzac.

Wie man sieht, tue ich alles, um den Fortschrittlichen zu spielen und für den Lauf der Dinge und somit auch für das Kommen des Euro mein Ja und Amen zu geben. Aber natürlich versetzt es mir einen kleinen Stich, wenn ich daran denke, daß ich die Weinflaschen der nächsten Ernte in Euro bezahlen – und errechnen – soll. Und ich versuche mich mit einem alten Lied von vor über hundert Jahren zu trösten, das ich vor mich hin trällere: »Mamma mia, dammi cento lire / che in America voglio andar« (»Mama, gib mir hundert Lire, ich will nach Amerika«).

Aus dem Italienischen von Karin Krieger

LIRE 50000
622 M
A. CANFARINI INC.
D'ITALIA
BANCA
BANC
0622 M
L.500

banco de Portugal
2000
LISBOA 11 DE SETEMBRO DE 1997
O GOVERNADOR
O ADMINISTRADOR
2000
B309032
Aqui toda a africana costa acabo
Neste meu nunca visto promontório
CAMÕES "OS LUSÍADAS"

Mário de Carvalho

Was sind schon hundert Jahre

Der Escudo hat kaum Spuren in der Seele Portugals hinterlassen

Im großen alten Haus meiner Großeltern in einer kleinen Stadt im Süden, die damals in weiter Ferne lag, gab es Nischen und Ecken, die uns als Kinder bei unseren Streifzügen faszinierten. Dachboden, Treppen, dunkle Räume, deren Lichtlosigkeit durch den schweren Duft von Olivenöl und Kräutern noch schwärzer wurde. Bei unseren Erkundungen entdeckten meine Vettern und ich zwei Schubladen unter einem alten Klapptisch. In einer hatte sich eine Vorderladerpistole mit schon ziemlich ramponierten Beschlägen versteckt, die wahrscheinlich den Bürgerkrieg von 1830 mitgemacht hatte und nun zwischen den vergilbten Groschenheften der Geschichten eines breitschultrigen Cowboys namens »Texas Jack« schlief. Die andere Schublade war mit Münzen vollgestopft, die mit einem tiefen, rauhen und schweren Klang gegeneinander stießen. Nichts vom fröhlichen Klimpern, das wir mit den Gold- und Silberstücken aus Büchern in Verbindung bringen. Nein, das war kein Schatz im romantischen Sinne. Das waren dunkle Münzen, einige klein, andere riesig, die aus alten Zeiten übriggeblieben waren, aus Zeiten, in denen es Könige in Portugal gab. Wir tauchten mit unseren Händen dort ein. Sie waren nun nichts mehr wert, zumindest maß ihnen niemand einen Wert bei. Es waren vergessene Überbleibsel der Vergangenheit. Sie rollten schön über den abgewetzten Terrakottafliesenboden und waren für unsere Kinderspiele gut zu gebrauchen. Womöglich besaßen sie Sammlerwert. Aber wer dachte schon daran?

Wer sie sich angeeignet hat und ob dieser Jemand Profit daraus geschlagen hat, weiß ich nach all diesen Jahren nicht. Ich erinnere mich an die Abbilder, die in mir eine ferne, ernste, fremde Welt erstehen ließen. Auf den meisten hatte es ein korpulenter Herr mit triumphalem Schnurrbart darauf angelegt, mal deutlicher, mal verwischter zu erscheinen. Es war König Dom Carlos. Die Währungseinheit mit all ihren pittoresken volkstümlichen Namen, die ich Ihnen erspare, war der alte Real, der nicht ohne Zwischenfälle nahezu vierhundert Jahre gültig war. Und er war aufgrund der langen Umlaufdauer in der Erinnerung des Volkes so tief verwurzelt, daß sogar Ende des 20. Jahrhunderts noch einige Leute ganz natürlich Escudos in Real ausdrückten. Ein Escudo, eintausend Real oder tausend Reis, »milreis«.

Der Escudo ist eine Währung, die in der Tat nur kurz gültig war und niemals das Prestige und den symbolischen Klang anderer Währungen in der langen Geschichte meines Landes erreicht hat. Einmal hat eine meiner Töchter bei einem Ausflug in irgendein kleines Dorf im Landesinneren einen runden, dunklen Gegenstand vom Boden aufgehoben. Es war ein Ceitil, der zufällig an die Erdoberfläche gelangt war. Ein Ceitil! Die Münze zum Gedenken an die Eroberung von Ceuta in Nordafrika im Jahre 1415. Dunkel gewordenes Kupfer von bescheidenem Wert, aber unendlicher symbolischer Bedeutung.

Der Escudo hingegen ist kleinbürgerlich, das Kind der begeisterten republikanischen Revolution von 1910, die gerade erst gestern stattgefunden hat. Er hatte keine Zeit, Zuneigung zu erlangen. Auf der Vorderseite trägt er das Antlitz einer jungen Frau mit freiheitlicher phrygischer Mütze, auf der Rückseite das Wappen Portugals, und er ist mit Höhen und Tiefen nicht einmal

einhundert Jahre im Umlauf gewesen. Anfangs war er aus einer hellen, glänzenden Legierung geprägt und machte eigentlich einen ganz guten Eindruck. In der Schule vertrieben wir uns in den schläfrigsten, finstersten Unterrichtsstunden die Zeit damit, ihn als Negativ auf ein Blatt Papier zu kopieren, indem wir kräftig mit einer Bleistiftspitze darauf rubbelten. Je mehr Geduld man aufbrachte, desto besser wurde der schwarze Abdruck auf dem Blatt.

Diese Gelegenheitswährung, die Währung nur weniger Generationen führt bei ihrem Abtreten nicht zu Elegien oder schmerzlichem Abschied. Vielleicht wischt sich der eine oder andere Numismatiker mit dem Hemdsärmel eine Träne aus dem Augenwinkel. Ein Freund von mir versucht der wenigen Ein-Escudo-Münzen habhaft zu werden, die noch im Umlauf sind.

Ich selbst, der ich dem Sammeln nicht viel abgewinnen kann, werde einige Scheine und ein paar Münzen für die Nachwelt aufbewahren.

Aber niemand sieht in ihm ein Symbol nationaler Identität. In alten Ländern sind die Herzen sehr treu, es braucht Zeit, sie zu verführen. Der Escudo hatte nicht die Gelegenheit. Er wird nicht viel Sehnsucht hinterlassen. Er ist wie ein entfernter, sympathischer Verwandter, den wir eine Zeitlang bei uns zu Hause aufnehmen und von dem wir uns am Kai mit einigem Bedauern, aber ohne Tränen verabschieden.

Würde jemand auf die Idee kommen, unsere Fahne ändern zu wollen, die übrigens genauso alt wie der Escudo ist, wäre das etwas anderes. In ihr liegt viel Symbolik und sie ist tief verwurzelt. Wollte man sie ändern, wäre es, als würde der Himmel einstürzen. Aber der Escudo ist nur eine Währung. Geld. Etwas zum Tauschen und Handeln und für den Lebensunterhalt. Er ruft keine Gefühle hervor, auch deswegen. Eines schönen Tages werden meine Enkel in unseren Schubladen ein paar Scheine, ein paar Münzen finden, und vielleicht wecken sie in ihnen die gleiche Neugier, die sich angesichts der alten, längst nicht mehr gültigen Münzen aus dem 19. Jahrhundert in mir geregt hatte.

Es bleiben dennoch ein paar Erinnerungen. Der Escudo hatte noch Zeit, sich zu verändern. Er wurde von einer großen, schweren, hellen wertvollen Münze zu einem kupfernen Nichts, einem winzigen Münzchen, so groß wie ein Jackenknopf und leicht wie eine

Tablette. In meiner Kindheit waren zwanzig Escudos ein grüner, hübscher Schein, den meine Großmutter mir heimlich beim Abschied zusteckte und den meine Mutter anschließend für mich aufbewahrte, damit ich ihn nicht verlor oder verbummelte. Es war zu viel Geld für ein Kind. Heute sind zwanzig Escudos eine weißliche Münze, die nur als Wechselgeld gebraucht wird.

Die Zeiten äußerster Armut, in denen die Bauern die kostbaren Münzen im zweimal zusammengeknoteten Hemdzipfel verwahrten, liegen weit zurück. Damals gab es noch die Zehn-Centavo- und Fünf-Centavo-Münzen (ein »tostão« und ein halber »tostão«). Die Schweißer fanden bald heraus, daß es billiger für sie war, diese Münzen für bestimmte Schweißarbeiten zu benutzen, als Schweißmittel zu kaufen. Ich kann mich kaum noch an den armen »tostão« erinnern. Eine meiner Tanten hatte Marmeladengläser voll davon wegen irgendeines Gewinnspiels einer Zeitung, bei dem es gegen die Einsendung von »tostões« weiß ich was für ein Geschenk gab.

Aber der »tostão« gehört schon fast nicht mehr meiner Zeit an. Die Münze, die ich am liebsten hatte, war die Zweieinhalb-Escudo-Münze (die wir aufgrund jahrhundertelanger Gewöhnung fünfundzwanzig »tostões« nannten). Auf der Rückseite beschwor auf silbrigem Grund eine schön gezeichnete Karavelle Erinnerungen an Reisen, das Meer, ferne Länder herauf. Sie wurde eingezogen und vor ein paar Jahren ungültig. Vielleicht machen diese ständig wiederkehrenden Änderungen, das Verschwinden von Münzen, ihr Ersetztwerden durch andere es mir leichter, den Euro zu akzeptieren. Das Geld läuft, rollt, fliegt, ist auf und davon.

Es ist schon eigenartig, daß alle meine Bilder des Escudos mit der Kindheit zu tun haben. Damals hatten wir noch die Zeit und das Vergnügen, uns zu wundern. Ein Geldschein war ein prächtiger Gegenstand mit Zeichnungen und Figuren, von denen wir

banco de portugal
7 DE NOVEMBRO DE 2000
O VICE-GOVERNADOR
1000

wissen wollten, wer sie waren. Als Erwachsene haben wir Schwierigkeiten zu sagen, welche Figuren auf den Scheinen und den Münzen abgebildet sind, die in einem gehetzten, zerstreuten Alltag durch unsere Finger gehen. Zumeist benutzen wir das sogenannte Plastikgeld. Eine Karte mit Magnetstreifen. Einen Talon mit Nummern. Eine Abstraktion.

Nach der allgemeinen Einführung des Euro wird es anfangs ein wenig Durcheinander beim Umrechnen geben, einige Verwirrung, aber es wird nicht lange dauern, bis wir die neue Währung ganz natürlich akzeptiert haben.

Schade nur, daß sie einen so künstlichen, langweiligen Namen trägt. Warum hat man nicht die alte Sesterze wieder aufleben lassen, wie einmal erwogen wurde? Das wäre eine interessante Rückkehr zu den Ursprüngen gewesen.

Aus dem Portugiesischen von Maralde Meyer-Minnemann

ΕΛΛΑΔΟΣ
1000
ΜΕΣ ΧΙΛΙΕΣ
ΤΡΑΠΕΖΑ ΤΗΣ ΕΛΛΑΔΟΣ
ΔΡΑΧΜΕΣ
ΧΙΛΙΕΣ
ΠΛΗΡΩΤΕΕΣ ΜΕ ΤΗΝ ΕΜΦΑΝΙΣΗ
ΑΘΗΝΑ 1 ΙΟΥΛΙΟΥ 1987
Ο ΔΙΕΥΘΥΝΤΗΣ
Ο ΔΙΟΙΚΗΤΗΣ
27Ρ 299132
ΑΠΟΛΛΩΝ
ΟΛΥΜΠΙΑ
1000

Petros Markaris

Die Überlebenskünstlerin

»Akzeptieren Sie Drachmen?« Wie aus einem Kopfschütteln doch noch eine Liebesgeschichte wurde

Wie wir Griechen wissen, und auch sämtliche EUropäer wissen sollten, sind wir Griechen ein großes Volk. Wie wir Griechen wissen, und sämtliche EUropäer ebenfalls wissen sollten, war unsere Landeswährung, die Drachme, während des größten Teils ihres relativ kurzen Lebens (knapp 170 Jahre) ein Papierfetzen. Obwohl sie schon bald nach ihrer Geburt ständig ans Krankenbett gefesselt war, zeigte sie dennoch eine seltene Überlebensfähigkeit. Zwar beherrschen alle Währungen die Kunst des Überlebens, doch selbst die schwächeren, wie zum Beispiel der portugiesiche Escudo, fanden zuweilen Zuflucht in Übersee- und Kolonialgebieten, während Griechenland, wie fast alle Balkanländer, selbst zum Kolonialgebiet der Großmächte EUropas wurde.

In seinen Gründerjahren übernahm der neugriechische Staat unter dem Gouverneur Kapodistrias als offizielle Währung den alten osmanischen Groschen. Die Drachme wurde erst unter König Otto I. von Bayern eingeführt. Offenbar wollte die griechische Niederlassung des bayerischen Hofs – der, wie fast alle Deutschen damals, das griechische Altertum glorifizierte – an die attische und die viel stabilere aeginische Drachme anknüpfen und dadurch auf eine Kontinuität zwischen den Stadtstaaten des Altertums und dem neugriechischen Staat hinweisen. Seitdem sind alle neugriechischen Geldscheine entweder mit einem Denkmal des Altertums geschmückt, sei es mit der Akropolis oder mit Delphi, oder mit den Göttern des Olymp wie Zeus, Apollo oder der sehr beliebten Athena, aber auch mit prominenten Altgriechen wie Hippokrates,

Aristoteles oder Ptolemäus. Wie auf allen anderen Gebieten blieb jedoch diese Kontinuität auch auf dem Gebiet der Nationalwährung ein Wunschtraum. Die neugriechische Drachme hatte mit der altgriechischen soviel gemeinsam wie Goethes Arkadien mit dem Arkadien von General Kolokotronis, dem militärischen Anführer des griechischen Aufstands gegen die Osmanen, der kaum seinen Namen schreiben konnte.

Eine Währung ist wie ein Spiegel, das Land kann sich darin so sehen, wie es wirklich aussieht. Auf jeden Fall brauchten die Griechen nicht wie Schneewittchens Stiefmutter hoffnungsvoll zu fragen, wer die Schönste ist. Was der Spiegel wahrheitsgetreu zurückwarf, war das Bild eines kleinen Balkanlands, einer Wellblechhütte EUropas, von allen verachtet und verpönt. Die Drachme schaffte es fast nie, die Bedürfnisse einer griechischen Durchschnittsfamilie zu decken, wie sie es auch nie schaffte, die Schulden, die sich seit der Gründung des neugriechischen Staates regelmäßig anhäuften, abzuzahlen. Das Überleben der Familie hing vom Kreditwillen des Krämers ab; das Überleben des neuen Staates von den regelmäßigen französischen, englischen oder russischen Darlehen. In beiden Fällen spielte die Drachme keine Rolle.

Es dauerte nicht lange, und die Griechen verloren vollends das Vertrauen in ihre alt-neue Währung. Die Drachme wurde von den Griechen so lange behalten, bis sie genug davon aufgehäuft hatten, um ein Grundstück, ein Haus oder einen Laden zu kaufen. Das Geld war für sie ein Papierschnipsel, nur die Immobilien hatten einen handfesten und ansteigenden Wert. Sie hatten so wenig Vertrauen in ihre Währung, daß sie es sogar vermieden, in ihre eigenen Unternehmen weiter zu investieren, sie steckten ihren Gewinn sofort in Immobilien. Den meisten Griechen sah man ihren Reichtum gar nicht an. Während sie als Geschäft gewöhnlich eine kleine Bude betrieben, waren sie zugleich latente Grundstücks-, Haus- und Ladenbesitzer.

Die Inflation haftete der Drachme an wie der Husten dem Raucher: Man nahm es hin und wußte, daß es kein Heilmittel gab, außer das Rauchen aufzugeben, aber dazu waren – als fanatische Raucher – weder die Griechen noch ihre Politiker bereit. Eine inflatorische Finanzpolitik und eine heißlaufende Papiergeld-Druckerei waren ihnen – wie allen anderen Balkanländern auch – lieber als Sparmaßnahmen. Übrigens kam diese Finanzpolitik auch den Großmächten EUropas zugute, weil sie dadurch Griechenland immer schnell und effektiv zügeln konnten.

Griechen, die was taugten, konnten ja ruhig nach EUropa oder Amerika

emigrieren und sich dort ein neues Dasein aufbauen. Das Paradies der Wenigen und Erlesenen etablierte sich in den Jahren vor und nach der Gründung des neuen Staates im damaligen Großbritannien und anschließend in den USA, Kanada und Australien, teils aber auch in Südafrika und in den sechziger und siebziger Jahren in der Bundesrepublik.

Dadurch entstand in der »Heimat« (das Lieblingswort der Griechen der Diaspora) eine neue Klasse, die jahraus, jahrein das Stück ›Warten auf Devisen‹ aufführte, das zwar nicht von Beckett war, aber starke Ähnlickeiten mit ›Warten auf Godot‹ aufwies. Die Devisen kamen gelegentlich auch, wollten aber mit der armen, einheimischen Drachme nichts zu tun haben. Zu diesem Zweck entstand dann die rote Quittung, das sogenannte »rote Papier«, wie es die Griechen nannten, welches eine klare Trennungslinie zwischen Devisen und Drachmen zog. Wer Devisen nach Griechenland einführte, durfte mit Steuererleichterungen oder gar steuerfrei Immobilien kaufen, oder wenn er es sich anders überlegte, denselben Betrag in Devisen wieder ausführen. Mit Drachmen kam er kaum in Berührung. Da sah man an jedem Grenzübergang, in Häfen und Flughäfen Grenzpolizisten in winzigen Zimmern eifrig rote Quittungen ausstellen, während Einreisende sich gegenseitig zuriefen: »Hast du das rote Papier?« und »Vergiß das rote Papier nicht!«. Als ich vor einigen Tagen in meine Bank ging, um einen D-Mark-Betrag in Drachmen umzutauschen, sah ich zu meinem Erstaunen den Kassierer die rote Quittung ausstellen. »Gibt es sie denn noch immer?« fragte ich. »Ja, aber nur noch als Souvenir«, antwortete er lachend. »Sonst ist sie nichts mehr wert.«

Die große Mehrheit der Griechen, die das Privileg der fremden Währung nicht hatte, suchte andere Wege, um die Drachme loszuwerden. Nach der Abwertung im Jahre 1953 begann der große Run auf das »Englische Pfund«. Gemeint war die englische

Goldmünze. Drachmen wurden zuhauf abgestoßen, um in den Besitz von Goldmünzen zu gelangen, die gewöhnlich in Eimern im Keller des Hauses, unter dem Bett oder, wenn es zu wenig waren, einfach unter dem Kopfkissen aufbewahrt wurden.

Ob Immobilien, Devisen mit roten Quittungen oder Goldmünzen in Eimern, in allen Fällen galt der Slogan: »Nur keine Drachmen!« Die Griechen versuchten ihre tiefsitzende Unsicherheit mit ihrer Währung zu beseitigen, indem sie, inoffiziell, die Währung selbst beseitigten. Sie drückten damit eine unermeßliche Verachtung für die Drachme aus, nicht zuletzt aber auch für den Staat und die Regierung, die die Ursache ihrer Unsicherheit, also die Drachme, beibehielten.

Die größte Erniedrigung erlebte jedoch die Drachme während der Obristendiktatur, und sie ging Hand in Hand mit der Erniedrigung des griechischen Reisepasses. Auch Jahre nach dem Sturz der Junta wartete ich, wenn ich durch die Paßkontrolle eines europäischen Staates ging, immer noch auf das ironische Lächeln des Grenzschutzbeamten mit dem Kommentar: »Grèce, olala!«, »Greece, he?«, »Grecia, eh?«. Ich habe erst nach dem Schengener Abkommen dieses unheimliche Gefühl abschütteln können. Wenn man nach der Paßkontrolle auch noch Drachmen wechseln ging, mußte man immer fragen: »Akzeptieren Sie Drachmen?«, als ob man sich für den unanständigen Vorschlag entschuldigen wollte. Gewöhnlich war die Antwort ein wortloses, abweisendes Kopfschütteln. Wenn es gelegentlich doch vorkam, daß die eine oder andere Bank Drachmen akzeptierte, dann faßte sie der Kassierer mit spitzen Fingern an, als ob er die Geldscheine desinfizieren wolle, um sich vor eingenisteten Seuchen zu schützen.

Aber die Drachme hatte sich mittlerweile zu einer versierten Überlebenskünstlerin entwickelt. Sie war ein Dachhase, der von jedem Tritte einsteckte und von dem man glaubte, daß er an der nächsten Straßenecke krepieren würde, der aber doch in Kälte und Regen, mit und ohne Futter, überleben konnte. Bis …

Bis zwei historische Ereignisse die Lage auf dem Balkan und das Leben in Griechenland von Grund auf änderten. Der Fall der sozialistischen Regime, deren es ja auf dem Balkan ziemlich viele gab, löste eine Welle der Emigration aus. Albaner, Bulgaren und Rumänen kamen scharenweise nach Griechenland. Die Griechen trauten ihren Augen nicht. War denn Griechenland nicht nur ein Ferienparadies, war die griechische Währung nicht nur ein Papierfetzen, sondern ein begehrtes Geldstück? Ach, sagten sie, achselzuckend, die armen Teufel haben doch fünfzig Jahre in der Isolation gelebt. Sie wissen nicht, daß sie auch hier verhungern werden. Sie verhungerten aber nicht. Ganz im Gegenteil, sie schufteten zwölf Stunden pro Tag, sammelten Drachmen und schickten sie nach Albanien, Bulgarien oder Rumänien.

Die Griechen glauben an Wunder. Nicht etwa, weil sie abergläubisch wären, sondern weil sie so schlechte Planer sind. Sie können sehr schlecht vorausdenken und fügen sich nur ächzend und widerstrebend in ein System ein. Systematisches Denken und jahrelange Planung sind in Griechenland der sichere Weg in die Sackgasse. Deshalb werden Entscheidungen

und Änderungen, die anderswo jahrelang besprochen und vorbereitet werden, in Griechenland fast spontan getroffen. So kam es eben zum zweiten historischen Ereignis: Ein griechischer Ministerpräsident setzte sich plötzlich in den Kopf, Griechenland ohne jede mit den anderen EU-Ländern vergleichbare Vorbereitung in die Währungsunion zu führen. Daß er es geschafft hat, ist eben ein griechisches Wunder.

Danach ging es schnell bergauf mit der Drachme. Sie wurde zu einer begehrten Währung. Man wird sagen, ja, aber nur in den Balkanländern, die um und unter der Armutsgrenze leben. Nicht nur. Man kann sich jetzt mit der Drachme in der Tasche überall in EUropa frei bewegen. Sie wird überall akzeptiert. Es kommt mir immer noch so unglaublich vor, daß ich, wenn ich in einem EU-Land bin und Drachmen wechseln gehe, immer noch frage: »Akzeptieren Sie Drachmen?« Nur um die Antwort zu hören: »Aber ja, natürlich!«

Man sagt, es ist nicht so wichtig, wie man lebt, wichtig ist, wie man sein Leben beendet. Und die Drachme hat es geschafft, mit Würde zu sterben. Eigentlich könnte ihr Leben mit zwei Revuen beschrieben werden, die nach dem Ersten Weltkrieg in Deutschland Furore machten. Jahrzehntelang sagten die Griechen, trotz der Drachme: »Hoppla, wir leben!« Jetzt vor dem Sterben antwortet die Drachme: »Trotz alledem!«

Ich freue mich auf den Euro. Aber – ich werde der Drachme eine große Träne nachweinen. Sie hat es verdient.

Von Petros Markaris in Deutsch geschrieben

50
1997
80
de France

Michel Tournier

Ja, der Franc, der ist ein Stück Frankreich

Aber die Phantasie der Franzosen entzündet sich noch immer am Sou

Es besteht kein Zweifel, daß die Beziehung, die wir zum Geld haben, genauso fundamental ist und unserer Persönlichkeit entspricht wie unsere Einstellung gegenüber Liebe, Sexualität, Gott, Tod etc. Die Währungseinheiten – ob deutsche Mark, amerikanischer Dollar oder britisches Pfund – nehmen einen überragenden Platz in der Phantasie eines jeden Bürgers ein.

Ich muß allerdings jene ausländischen Freunde enttäuschen, die da glauben, meine These illustrieren zu können, indem sie sagen: »Na klar, Frankreich, la France, und der Franc, das ist ja sowieso bis auf einen Buchstaben dasselbe.« Ich muß sie enttäuschen, weil es nicht der Franc ist, der diesen Platz in der Phantasie der Franzosen beansprucht, sondern der Sou. Wie ja auch in Deutschland der Groschen im Volksmund wichtiger ist als die Mark, und schon gar die D-Mark. Unzählbar die Redewendungen, die auf diesen symbolischen Sou Bezug nehmen: L'Opéra de quat'-sous (Die Dreigroschenoper); Sous haben (reich sein); sauber wie ein neuer Sou sein; an seinen Sous kleben (geizig sein); Sou für Sou sparen und so weiter.

Vielleicht sollte man daran erinnern, daß »Sou« vom lateinischen »solidus« kommt, was »solide, massiv« bedeutet. Am 7. April 1803 wurde der Franc als Währung etabliert. Er hatte einen Wert von 20 Sous. Noch heute weiß in Frankreich jeder, daß fünf Francs 100 Sous machten und daß ein 40-Sous-Stück zwei Francs wert war. Generationen von Gymnasiasten haben gelacht über jene Passage aus ›Madame Bovary‹, dem berühmtesten französischen

Roman, wo der Vater Rouault dem Landarzt Charles Bovary für seine Mühe »75 Francs in 40-Sous-Stücken« zahlt. Unmöglich, Monsieur Flaubert! 75 läßt sich nicht durch zwei teilen.

Als ich ein Kind war, erhielt ich als Taschengeld von meinem Vater 100 Sous pro Woche. Ich war sieben, als 1932 alle Welt von der Entführung und Ermordung des Sohnes von Charles Lindbergh sprach, jenes Piloten, der es 1927 als erster geschafft hatte, im Flugzeug den Atlantik zu überqueren. Ich fragte schließlich meinen Vater: »Wenn Gangster mich entführten, wieviel würdest du geben, um mich freizubekommen?« Er tat so, als ob er hin- und herrechne, und sagte dann: »Ich würde vielleicht bis 50 Francs gehen, aber keinen Sou mehr!« Die Summe erschien mir enorm, und ich war gleichermaßen durchdrungen von der Großzügigkeit meines Vaters und der Summe, die ich ihm wert war. Unglücklicherweise intervenierte meine Mutter: »Dein Vater macht Witze«, sagte sie, »du kannst dir doch denken, daß er alles geben würde, was er hat, um dich wiederzubekommen!« Diese Worte schockierten mich. Ich fand sie exzessiv, leidenschaftlich und im ganzen sehr beunruhigend. Ich sah mich als mögliche Ursache für den Ruin meiner Familie. Die Frauen entpuppten sich als gefährlich impulsiv.

Die Sous verschwanden nach dem Zweiten Weltkrieg und gehören seitdem der »guten alten Zeit« an. Ein Teil der französischen Mythologie ist somit bereits ausgelöscht. Den Franc wird man am Ende dieses Jahres genauso begraben. Und es wird Tränen geben.

Auch wenn der Franc niemals einen solchen Zusammenbruch erlebt hat wie die Mark 1923 und 1948, mag ein Beispiel seine laufende Abwertung illustrieren: Der renommierteste Literaturpreis in Frankreich ist der Prix Goncourt, der jedes Jahr im November verliehen wird. Er existiert seit 1903. Anfangs war er unbekannt und hatte keinen Einfluß auf den Verkauf des ausgezeichneten Buches, aber er war mit 5000 Francs dotiert. Damals konnte man von 5000 Francs gut zwei Jahre lang leben. Seither gab es zwei Veränderungen. Zum einen hat Jahr für Jahr die Inflation an diesen 5000 Francs genagt. Zum anderen ist der Prix Goncourt so berühmt geworden, daß sich das preisgekrönte Buch ausgezeichnet verkauft. Die beiden Kurven haben sich

in den zwanziger Jahren berührt. Damals brachte der Goncourt dem Preisträger einen Scheck über 5000 Francs ein und 5000 Francs an Tantiemen. Heute werden von einem Buch, das den Prix Goncourt bekommen hat, 400 000 Exemplare verkauft, was in etwa sechs Millionen Francs Tantiemen entspricht. Das ändert nichts an der Tatsache, daß der Preisträger vom Sekretariat der Académie Goncourt den üblichen Scheck über 50 Francs erhält, also das, was von den ursprünglichen 5000 Francs übriggeblieben ist. Schade, daß diese charmante Tradition in diesem Jahr zu Ende gehen wird. Den Wechsel zum Euro wird sie nicht überleben.

Ich finde die materielle Liebe zum Geld weder anrüchig noch lächerlich, und ich bedaure, daß die Banknoten und Geldmünzen immer mehr verschwinden zugunsten der Kreditkarten. Das »Porte-monnaie« war einst das geheiligte Objekt par excellence. Wissen Sie, welches die bewegendste Liebeskummerszene in der Geschichte des Welttheaters ist? Sie findet sich weder in ›Romeo und Julia‹ noch in ›Phädra‹, noch im ›Werther‹. Sie kommt im ›Geizigen‹ von Molière vor, und zwar da, wo Harpagon vor Schmerz aufheult, weil man ihm seine geliebte Geldkassette gestohlen hat. Den möchte ich sehen, der diese schreckliche Szene trockenen Auges anschauen kann. Ehrlich gesagt, wäre ich auch nicht überrascht, wenn viele Männer und Frauen vom Kummer überwältigt würden, wenn sie demnächst sehen, wie mit Einführung des Euro ihr schönes Geld verschwindet.

Aber die auslaufenden Landeswährungen werden ihre Revanche in Form einer Apotheose erleben. Schon jetzt kaufen Sammler zum doppelten und dreifachen Preis ihres Nennwerts Münzen und Scheine auf. Keine Frage, daß der Wert in den kommenden Jahren noch wachsen wird. Es wäre vernünftig – aber wer ist schon vernünftig? –, wenn wir nicht sofort all unser Geld in Euros umtauschen würden.

Unsere entwerteten Banknoten, unsere ausgedienten alten Metallmünzen: transformiert in wertvolle Sammlerstücke sind sie ein wenig wie die Altäre, die man Verstorbenen errichtet, damit man ihrer in Liebe gedenken kann.

Aus dem Französischen von Tilman Krause

BANCO DE ESPAÑA
5000
CINCO
MILPESETAS
MADRID 12 DE OCTUBRE DE 1992
CRISTOBAL
COLON
5000
CINCO
MILPESETAS
5000

Manuel Vázquez Montalbán

Alles, was keine Peseten sind, ist Mist

Der Euro ist für uns so selbstverständlich wie die Währung vom Mars

Die Peseta war seit 1868 die grundlegende Währungseinheit Spaniens. Sie wurde von der auf die sogenannte Revolution von 1868 folgenden fortschrittlichen Regierung im Streben nach einer gemeinsamen Währungsstrategie mit der Lateinamerikanischen Union geschaffen. Ursprünglich aus Gold und Silber, trat sie – wie alle anderen Währungen – den langen Marsch zum Papiergeld, zum Symbolwert des Geldes an.

Als arme Währung eines armen Landes, das 1898 endgültig seiner Träume eines großen Imperiums beraubt worden war, bildete die Peseta einen wesentlichen Bestandteil der Ohnmacht und Krisen Spaniens. Diese Krisen gipfelten am Ende des Bürgerkriegs in dem tragischen Moment, in dem die Sieger die republikanische Peseta für ungültig erklären und damit die Besiegten noch ein Stück weiter in den Ruin treiben.

Während der fortdauernden Wirtschaftskrise in den ersten fünfundzwanzig Jahren der Franco-Ära ist die Geschichte der Peseta von ihren Abwertungen und Mängeln gegenüber allen anderen an der kapitalistischen Entwicklung beteiligten Währungen gekennzeichnet. Später, ausgehend von dem in den 60er Jahren beginnenden Wirtschaftsboom, schaffte die spanische Ökonomie durch die Abwanderung der überzähligen Arbeitskräfte, den Rückfluß der von spanischen Arbeitern in Europa angehäuften Ersparnisse und im Zuge des einsetzenden Massentourismus mit der dazugehörigen Industrie den Sprung nach vorn, der ihr das Abenteuer des Wandels und die schrittweise Eliminierung der frankistischen Machtstrukturen ermöglichen sollte – sieht man einmal von Rechtswesen, von Heer und Polizeiapparat ab, die eine Weile brauchten, um sich mittels einer kosmetischen Operation oder gar einer Häutung auf demokratisch zu trimmen.

Die Peseta war dabei ein wackeliger Bezugspunkt, stets mit dem Blick auf den Dollar gerichtet und bemüht, die Exportpolitik nicht zu beeinträchtigen. Die Energiekrise der 70er Jahre, die mit einer der schwersten zyklisch auftretenden Krisen des Kapitalismus zusammenfiel, zog die Peseta in den Schmutz, man wertete sie ab und trampelte auf ihr herum, und das in einem Land, das seine demokratische und neokapitalistische Anerkennung suchte. Und wo in gewissem Sinne der soziale und politische Schulterschluß zwischen Linken und Rechten die gesellschaftlichen und wirtschaftlichen Bedingungen für die Aufnahme Spaniens in Europa und die endgültige Einbettung seines Produktionsapparats in die sogenannte Globalisierung schuf.

Ein tragisches Schicksal, das der Peseta. Sie entsteht, um das Spanien des 19. Jahrhunderts zu modernisieren, und stirbt, als sich das Land in der Postmoderne befindet und die Designer Europas beschließen, die gemeinsame Währung für einen grundlegenden Faktor der Einheit zu halten. Das ist jedoch ein gewagtes Unterfangen, denn die nationalen und nationalistischen Bindungen innerhalb Europas bleiben bestehen und der gemeinsame Markt beschränkte sich bislang auf eine Verteilung von Leistungsfähigkeiten im Wettbewerb, die wie auch immer geartete Konflikte vermeiden sollte. Das sogenannte Europabewußtsein haben nur die Eurokraten, ein Gutteil der Intellektuellen und die Reisebüroprofis. Der Rest der Bevölkerung hält am historischen Bewußtsein fest, das im Augenblick auf der nationalen Abgrenzung von möglichen Angriffen historischer, innerer oder äußerer, geschaffener oder tatsächlicher Feinde beruht. War es denn dringlicher, die Währung anstelle der Geschichtsbücher zu ändern?

Als die Franzosen die alten Francs gegen neue austauschten, trauerte ein Großteil der Bevölkerung Jahre, Jahrzehnte lang dem alten Franc nach und hielt an einem doppelten Rechnungswesen fest. Mit diesem Beispiel vor Augen nehme ich an, daß das Verschwinden der historischen Währungen und die Einführung des Euro keine leichte Sache sein wird. Der vielleicht am ehesten übernehmbare Faktor des Wandels wird der des kategorischen Imperativs der Währung sein: Wenn du die neue Währung nicht verwendest, kannst du weder etwas kaufen noch verkaufen. Doch der Franc, die Mark, die Lira, die Peseta gehören zum Bewußtsein und Unterbewußtsein großer Gemeinschaften und prägen ihre Wahrnehmung von Sicherheit oder Unsicherheit.

EL CAJERO
DOS
MIL PESETAS
2000
MADRID 24 DE ABRIL DE 1992
6F7450908
BANCO DE ESPAÑA
UNA PESETA

Ein Spanier beispielsweise, der sich mit dem Besitz von einer Million Peseten letztlich mehr oder weniger als Millionär fühlen kann, muß plötzlich feststellen, daß diese Million – je nach den Abwertungen der neuen Währung in Bezug auf den Dollar – zu etwa fünftausend Euro wird. Der subjektive und objektive Eindruck der Abwertung wird auch durch die ständige Nachricht vom sinkenden Kurs des Euro gegenüber dem Dollar nicht eben besänftigt, und im Augenblick verschärft die Währungskampagne den gesellschaftlichen und individuellen Eindruck der Schwäche des europäischen Wirtschaftsblocks gegenüber anderen, speziell gegenüber dem amerikanischen.

Es wird demnach nicht einfach sein, die einzelnen Landeswährungen zu ersetzen, da diese außerdem als Spiegelbild der Geschichte menschlicher Wechselfälle in Verbindung mit der Geschichte des Geldes einen wichtigen Stellenwert im alltäglichen Sprachgebrauch eingenommen haben. In Spanien beschreibt dies der Satz: »Lo que no son pesetas, son puñetas« (»Was nicht Peseten sind, ist Mist«). Zwar handelt es sich dabei um eine Aussage von einem eher derben als dialektischen Materialismus, doch war sie wegweisend für wirtschaftliche Höhen und Tiefen unzähliger Generationen. Die Einführung des Euro ist ungefähr so selbstverständlich, als würden wir eine Währung vom Mars übernehmen.

Außerdem bedeutet im Falle Spaniens das Verschwinden der Peseta zugleich das – gefahrvolle – Verschwinden eines Faktors, der für die staatliche Einheit sorgt. Denn Peseta ist ein Wort katalanischen Ursprungs, und diese Tatsache wird manchmal als Beweis für alles benützt, was Katalonien – abgesehen von der Guardia Civil, der Fußballnationalmannschaft und ein paar gastronomischen Richtlinien – mit Spanien verbindet. Wird also der Euro Katalonien an Europa annähern und von Spanien abrücken lassen?

Psychologisch zweifellos, doch erweist sich die Psychologie gegenüber wirtschaftlichen Zwängen als sehr anfällig, und selbst die am meisten auf Unabhängigkeit pochenden Katalanen werden sehr bald erkennen, daß für die Eroberung des innerspanischen Marktes auch der Euro seinen Zweck erfüllt, sobald er sich in ein Körperkennzeichen, in so etwas wie ein zweites Deodorant verwandelt hat.

Aus dem Spanischen von Theres Moser

EL CAJERO
PESETAS
1000
2Y7357383
25 PTAS

Banc Ceannais
na hÉireann
An Gobharnóir
Rúnaí na Roinne Airgeadais
Caoga Punt
Douglas Hyde 1860-1949
CENTRA
BANK O
IRELAN
£50
FIFTY POUND

John Banville

£1/19s/11 ½d

Die sinnverwirrenden Rätsel des täglichen Geldverkehrs in Irland

Als die irische Währung vor dreißig Jahren auf das Dezimalsystem umgestellt wurde – »to go decimal« hieß das, und es gab sogar einen offiziellen »D-Day« –, da kam ein Minister, der in einem Städtchen in der Grafschaft Kerry im äußersten Südwesten des Landes zu Besuch war, mit der Inhaberin eines kleinen Lebensmittelladens ins Gespräch, einer robusten alten Dame mit robusten Ansichten. Der Minister wollte, wie es Politiker gelegentlich tun, »Volkes Stimme« belauschen und erkundigte sich bei der alten Dame, wie sie über die Zukunftsaussichten der neuen Währung denke. Die Antwort war von einem Kopfschütteln begleitet: »Also hier unten wird sich das nie durchsetzen.«

Zu der Zeit, als diese Geschichte kursierte, war meine amerikanische Frau, was die neue Währung anging, kaum weniger skeptisch als die Ladeninhaberin und genauso mißtrauisch. Das war allerdings nicht immer so gewesen. Meine Frau stammte aus Kalifornien und war Ende der sechziger Jahre mit mir nach Irland gekommen. Schon das Klima hatte sie überrascht, aber das Währungssystem hatte ihr den Rest gegeben. Kein Wunder.

Damals rechneten wir in Pfund, Shilling und Pennies. Zwölf Pence kamen auf einen Shilling, und zwanzig Shilling auf ein Pfund. Das Münzgeld bestand aus dem Halfpenny – gesprochen: »ha'penny«; dem Penny, einer großen, dicken Kupfermünze, die nach mehr aussah, als sie wert war; dem Drei-Penny-Stück, gesprochen: »thrupenny«; der Sixpence-Münze, im Volksmund auch »tanner« genannt; der Shilling-Münze; der Zwei-Shilling-Münze;

und schließlich der Half-Crown, der »Halben Krone« im Wert von zwei Shilling und sechs Pence – eine ganze Krone hingegen gab es nicht, sie war schon im 19. Jahrhundert verschwunden. Dafür gab es den Zehn-Shilling-Schein, die Pfund-Note, die Fünf-Pfund-Note, auch »fiver« genannt, und dann die selteneren Arten, die Zwanzig-Pfund-Note und schließlich den seltensten Vogel von allen, die legendäre Fünfzig-Pfund-Note, leuchtend rot und so groß wie ein einmal gefaltetes Taschentuch.

Außerdem war da noch die Guinee, eine etwas rätselhafte, ganz und gar abstrakte Einheit. Ihr Wert betrug ein Pfund plus einen Shilling, aber eine Guinea-Münze oder Guinea-Banknote gab es nicht. In Guineen wurde fast nur in den höheren Sphären des Geschäftslebens gerechnet – im Antiquitäten- und Immobilienhandel, bei Anwalts- und Arzthonoraren, aber auch in der glitzernden Halbwelt des Glücksspiels und vor allem beim Pferderennen; noch heute gibt es in Irland und England ein Rennen mit Namen »The Thousand Guineas«.

Preisangaben in der alten Währung konnten den Zugereisten leicht verwirren. Wenn auf dem Preisschild eines Kleides oder eines Paars Schuhe »£1/19s/11 1/2d« stand, also: ein Pfund, neunzehn Shilling und elfeinhalb Pence – wobei niemand erklären konnte, warum die Pennies mit »d« bezeichnet wurden, außer daß es irgendwas mit den Römern zu tun hatte –, dann wird dem arglosen Fremdling nicht ohne weiteres klar gewesen sein, daß von diesem Betrag bis zu vollen zwei Pfund nur ein halber Penny fehlte. Unter solchen Bedingungen stellte der wöchentliche Lebensmitteleinkauf Anforderungen an die Kopfrechenkünste des einzelnen, die hinter denen der Quantenmathematik kaum zurückblieben.

Während ihrer ersten Jahre in Irland behalf sich meine Frau angesichts der sinnverwirrenden Rätsel des täglichen Geldverkehrs damit, daß

sie den Zehn-Shilling-Schein zu ihrer Grundrecheneinheit erkor. Betrat sie ein Geschäft, um irgendeine Kleinigkeit, sagen wir: für »thrupence ha'penny« (3 1/2d) zu kaufen, so bezahlte sie, ohne das viele Kleingeld in ihrem Portemonnaie eines Blickes zu würdigen, mit einem Zehn-Shilling-Schein und schüttete das Wechselgeld aus etlichen Silber- und Kupfermünzen, das wie ein Jackpot aus dem Spielautomaten auf sie niederprasselte, einfach dazu. Abends leerte sie den Inhalt ihrer Geldbörse und etwaiger anderer Taschen auf dem häuslichen Eßtisch und sah mir nicht ohne ehrfürchtige Scheu dabei zu, wie ich den Berg Kleingeld sortierte und zählte.

Daß sie gerade dem Zehn-Shilling-Schein ihr Vertrauen schenkte, hatte nicht nur praktische, sondern auch ästhetische Gründe. Irisches Geld zeichnete sich schon immer durch seine bemerkenswerte künstlerische Gestaltung aus; die Münzen sind sehr hübsch. Jede von ihnen zeigt – oder zeigte – auf der einen Seite eine Harfe und auf der anderen allerlei wildes Getier, Geflügel oder Viehzeug – einen Zaunkönig auf dem längst abgeschafften Farthing, der mal ein Viertel Penny wert war; ein Schwein auf dem Halfpenny; einen Bullen auf dem Shilling; einen springenden Lachs auf dem Florin, wie man das Zwei-Shilling-Stück auch zu nennen pflegt; und schließlich ein prächtiges Rennpferd auf der Halben Krone. Mit dem Zehn-Shilling-Schein jedoch hatte es eine besondere Bewandtnis. Diese wohlproportionierte Banknote in einem schön verschossenen Rotorange hatte eine besondere, eine besonders tröstliche Bedeutung für den jungen Mann, der stets knapp bei Kasse gewesen war. Mitte der sechziger Jahre, als ich, wie man so sagt, ein »aufstrebender« Schriftsteller war, hatte ich einen Job, der mir in der Woche sechs Pfund und zehn Shilling einbrachte. Noch heute empfinde ich etwas von dem Schauer, der mich eines Montagmorgens überkam, als ich – nach dem Wochenende schon wieder blank – eine Jacke aus dem Schrank nahm, die ich seit Monaten nicht angezogen hatte, und in der Brusttasche wie durch Zauber, wenn nicht göttliche Fügung, einen vergessenen Zehn-Shilling-Schein fand.

Als dann 1971 die alte Währung abgeschafft wurde und das Pfund sich fortan in 100 Neue Pence teilte, verspürte sogar meine Frau Bedauern. Ob wir es uns klargemacht hatten oder nicht – diese seltsame, archaische Währung hatte uns mit einer alten, feudalen Welt verbunden, die es nun nicht mehr gab. Die riesigen Pennies, die moosgrünen Pfundnoten waren Bruchstücke lebendiger

Vergangenheit gewesen, die wir zwischen uns hatten zirkulieren lassen – stark und dauerhaft wie Gene. Wenn heute die endgültige Abdankung des Pfunds – oder des »Punt«, wie man auf gälisch sagt, um es vom Sterling zu unterscheiden – uns Iren seltsam unberührt läßt, dann vielleicht deshalb, weil wir im tiefsten Inneren wissen, daß wir unser Pfund schon an jenem D-Day vor dreißig Jahren verloren haben.

Und dennoch ... Man hat gesagt, das irische Nein beim Referendum über den Vertrag von Nizza sei nicht so sehr eine durchdachte Antwort auf eine wichtige politische Frage gewesen als vielmehr ein Aufschrei, das Quieken des Hühnchens beim Anblick des Hackmessers – ein kollektiver Schreckensruf angesichts der Erkenntnis, daß die Europäische Union mehr ist als der Futtersack, aus dem wir uns seit drei Jahrzehnten nähren, daß nun auch wir Iren aufgerufen sind, uns unserer Verantwortung für Europa und in Europa zu stellen. Für diese Deutung spricht, daß die Front der Euro-Skeptiker in Irland aus einem bunt zusammengewürfelten Bündnis ansonsten verfeindeter Gruppen besteht, zu dem die Sinn Fein ebenso gehört wie die Grünen, die Katholische Rechte und verschiedene politische Außenseiter, die auf diese Weise bekannt werden oder zumindest Krach schlagen wollen.

Die irischen Wähler haben sich allerdings schon mehrmals als eine erstaunlich kluge Spezies erwiesen – und vielleicht war das Ergebnis des Nizza-Referendums, auch wenn es viele bedauern mögen, doch mehr als ein nervöser Protest, den wir bei der nächsten Gelegenheit schüchtern zurückziehen werden. Als sich Großbritannien – erstaunt und erschrocken zugleich – vor Jahren genötigt sah, sein Pfund Sterling abzuwerten, versicherte der damalige Premierminister Harold Wilson seinen Landsleuten in einer lachhaften, völlig

unglaubwürdigen Fernsehansprache, diese Abwertung werde keinerlei Auswirkungen auf »das Pfund in Ihrer Tasche« haben. Die EU, so scheint es, macht ihren Mitgliedsstaaten heute ähnlich ungedeckte Versprechungen. Man kann sich vorstellen, wie eine alte Dame in einem der kleinen Läden in Kerry, deren Zahl übrigens rasch abnimmt, heute reagieren würde. Am Ende wird sich »das« von Europa vielleicht auch hier durchsetzen – aber dieses Ende ist offenbar noch ziemlich weit entfernt.

Aus dem Englischen von Reinhard Kaiser

CENTRAL BANK OF IRELAND
£10
TEN POUNDS
riverrun, past Eve and Adam's, from swerve of shore to bend of bay, brings us by a commodius vicus of recirculation back to Howth Castle and Environs.
James Joyce
£10
Banc Ceannais na hÉireann
An Gobharnóir
Rúnaí na Roinne Airgeadais
Deich bPunt
YZN 062248
02 07 99
James Joyce 1882-1941

500
500
FÜNFHUNDERT
SCHILLING
OESTERREICHISCHE NATIONALBANK
SCHILLING
WIEN, am 1.1.1997
GENERALDIREKTOR
PRÄSIDENT
500
500
AB386854W
DIE BEIDEN GESCHLECHTER STEHEN
IN EINER ZU ENGEN VERBINDUNG,
SIND VONEINANDER ZU ABHÄNGIG,
ALS DASS ZUSTÄNDE,
DIE DAS EINE TREFFEN,
DAS ANDERE NICHT BERÜHREN
SOLLTEN.
ROSA MAYREDER WIEN 1905
SCHILLING

Josef Haslinger

Bald sind wir hoffnungslos veraltet

Schaut aufs Geld! Mit der Ausgabe des Euro geht ein Zeitalter zu Ende

Die beiden Geschlechter stehen in einer zu engen Verbindung, sind voneinander zu abhängig, als daß Zustände, die das eine treffen, das andere nicht berühren sollten.« Woher stammt dieses Zitat? Ich habe mir erlaubt, unter meinen österreichischen Bekannten eine kleine Umfrage durchzuführen. Das Ergebnis war eine Trefferquote von Null. Allerdings gab es welche, die das Gefühl hatten, dieser Formulierung schon einmal begegnet zu sein. Was kein Wunder ist. Schließlich handelt es sich um einen der meistpublizierten Texte Österreichs. Er steht auf dem 500-Schilling-Schein. Daneben ist eine Gruppe von Frauen in altmodischer Tracht abgebildet, mit weißen Blusen, Handtaschen und ausladenden Hüten. Die andere Seite des Geldscheins ziert das Porträt der Verfasserin dieses Satzes, Rosa Mayreder (1858–1938). Ihr Bekanntheitsgrad hält sich trotz der größten publizistischen Maßnahme, die ein Staat ergreifen kann, bis heute in bescheidenen Grenzen. Schauen die Menschen nicht mehr aufs Geld?

Aufs Geld schauen, ist in der deutschen Sprache nicht wortwörtlich zu nehmen. Es bedeutet nicht, die Münzen und Scheine zu inspizieren, sondern es heißt für deren ständige Anwesenheit zu sorgen. Geld unterliegt einer speziellen Wahrnehmung. Es ist begehrter als alles andere auf der Welt, und doch kann man sich damit keinen einzigen Wunsch erfüllen. Man kann es nicht essen, man kann es nicht als Haarwuchsmittel verwenden, und diejenigen, die sich damit Zigaretten anzünden, können sich dabei nicht die Streichhölzer sparen. Selbst wenn man, wie Dagobert Duck, darin badet, wird man nicht rein, sondern schmutzig. Der einzige Wert des Geldes besteht darin, gegen das, was man eigentlich will, austauschbar zu sein.

Man erwartet vom Geld, daß es sich gegenüber dem, was man damit vorhat, neutral verhält. Ob man damit eine Pistole kauft oder ein Kruzifix, sollte dem Geld egal sein. Wenn ein österreichischer Freier mit dem 500-Schilling-Schein jenseits der slowakischen Grenze ein minderjähriges Roma-Mädchen bezahlt, mag er in Konflikte mit bestimmten Rechtsinstanzen kommen, aber daß auch noch der Geldschein sich einmischt, wird er nicht wahrnehmen – und auch nicht wahrnehmen wollen.

Am Geldschein interessiert die präzise Angabe des Tauschwerts und eine Gestaltung, die Vertrauen in die Echtheit des Zahlungsmittels suggeriert. Botschaften oder Persönlichkeiten, die darüber hinaus ins Bewußtsein der Bevölkerung eingeschleust werden sollen, haben es schwer, überhaupt wahrgenommen zu werden. Sie werden nur ein einziges Mal gesehen, dann nämlich, wenn man das Geld erstmals in die Hand bekommt. Danach sind sie nichts als ein offiziöses Gestaltungselement, eine Art staatliches Echtheitszertifikat, dessen Inhalt letztlich belanglos ist.

IN GOD WE TRUST steht auf dem amerikanischen Dollar. Man bemerkt es, wenn man erstmals einen Dollarschein zur Hand nimmt. Später fällt es nicht mehr auf. Als ich ein Buch über Amerika schrieb und amerikanische Bekannte fragte, was der liebe Gott auf dem Dollar zu suchen habe, kam ich mir vor wie ein Aufklärer. Sie wußten nichts von diesem – wie ich dachte – unübersehbar auf jeder Banknote plaziertem Spruch.

In meiner Geldbörse befindet sich eine Schilling-Münze aus dem Jahre 1962. Da war ich sieben Jahre alt. Es war die Zeit, in der ich solche Münzen erstmals in die Hand bekam, von Verwandten meist. Ich habe sie, im Sinne der Wohltäter, unzweckmäßig verwendet. Ich habe damit nämlich Kaugummis gekauft und im Laufe der Zeit die Kunst gelernt, damit laute Schnalzgeräusche zu erzeugen und sie zu großen Ballons aufzublasen, so groß, daß sie beim Zerplatzen auch noch die Nase einhüllten. Man konnte das Desaster eines unzweckmäßig ausgegebenen Schillings noch vergrößern, indem man den Kaugummi einem Gegner in die Haare klebte. Solche heute fast wertlosen Schillinge waren mein erster Zugang zu Genußmitteln, die diesen Namen verdienten. Sie machten mich stark gegenüber meinen Feinden. Sie lieferten mir mein erstes wirksames Waffenarsenal.

Und doch hat mir die Schilling-Münze auch permanent ein schlechtes Gewissen erzeugt. Sie bildete nämlich den runden Körper der Figur des Sparefrohs. Außer diesem Schillingkörper hatte der Sparefroh noch Stricharme, Strichbeine und eine Spitzmütze. Darunter stand geschrieben: »Spare in der Zeit, so hast du in der Not.« Der Sparefroh war auf dem ersten und, wie mir scheinen will, einzigen Geschenk abgebildet, das ich von meiner Volksschule je erhalten habe. Es war eine Sparbüchse. Als ich sie heimbrachte, war meine Mutter nicht begeistert. Sie sagte, auch sie habe als Kind gespart, aber dann sei das Geld »umgefallen«, und sie habe nichts davon gehabt. Vergeblich versuchte ich mir vorzustellen, wie es ist, wenn das Geld umfällt. Die Strichbeinchen knickten ein, der Sparefroh taumelte. Meine Mutter widersprach den Schulautoritäten, die nicht aufhörten, den Sparefroh als den Weiser des rechten Umgangs mit dem Schilling zu propagieren. Und so wurde der Schilling für mich auch zum ersten Zeichen für die Ungewißheiten des Lebens.

Das Vertrauen zum Staat und das Vertrauen in sein Zahlungsmittel stehen in engem Zusammenhang. Wenn eine Währung an Wert verliert, verliert auch die Regierung an Wert. Wenn eine Währung gar in den Keller stürzt, kann die

Regierung damit beginnen, ihre Tage zu zählen. Der Schilling war stabil. Das nützte den österreichischen Regierungen. Seit ich politisch mitdenken kann, habe ich nur sozialdemokratische Regierungen erlebt. Der Schilling war eine sozialdemokratisch gesteuerte Währung. Und die Sozialdemokraten betrachteten den in Wirklichkeit an die Deutsche Mark gebundenen Schilling bald so sehr als ihr Eigentum, daß sie begannen, die Geldscheine mit sozialphilosophischen Aussagen zu schmücken. Dann wurde der Schilling an den Euro gekoppelt und die Sozialdemokraten mußten abtreten. Ob das ein Zufall ist?

Als ich im Alter von elf Jahren das erste Mal nach Italien fuhr, mußte ich für eine Hundert-Lire-Münze vier Schilling bezahlen, in den letzten Jahren kostete sie mich nicht einmal mehr einen Schilling. Der Schilling verleitete im Urlaub zu falschen Hoffnungen. Wenn man ihn gegen Lire, Pfund, Francs oder Peseten eintauschte, hatte man den Eindruck, das eigene Geld habe, gemessen am letzten Aufenthalt, einen wunderbaren Wertzuwachs erfahren. Aber dann kam regelmäßig die Enttäuschung. Der Preisanstieg hatte mit der Inflation der Währung Schritt gehalten.

Mit dem Euro fallen die falschen Hoffnungen weg. Seit seiner Einführung als Währungseinheit begleitet ihn das offenbar unabstellbare Echo, daß er beständig an Wert verliert. Daß da was dran ist, merke ich nur, wenn ich mich in den USA aufhalte. In Europa habe ich endlich Klarheit darüber, was Lire, Francs und Peseten wirklich kosten. Und wenn ich dann die neue Währung endlich in die Hand bekomme, werden mich auch die Geldwechsler von Barcelona nicht mehr übers Ohr hauen können.

Da ich, trainiert durch längere USA-Aufenthalte, den Dollar nicht umrechnen muß, sondern seinen Wert unmittelbar wahrnehme, wird mir der Euro kein Umstellungsproblem bereiten. Mag sein, daß mir die Waren etwas teurer vorkommen, als sie es in Wirklichkeit sind. Aber ich vermute, daß es noch in fünfzehn Jahren Menschen geben wird, die den Euro gegen die alte Schilling-Währung umrechnen. Und das ist eine verdammt komplizierte Rechnung. Die Deutschen haben es da leichter. Sie sagen einfach eins zu zwei. Das kann aber bedeuten, daß es in Deutschland sogar noch in dreißig Jahren Menschen geben wird, die von der Mark nicht loskommen und immer noch eins zu zwei sagen.

Mein Problem bei der Umstellung in Euro wird kein praktisches sein. Auch kein politisches, weil mich die Sozialdemokratie, die meinem Herzen in der Jugend eine österreichische Identität zurechtgezimmert hat, schon im Stich gelassen hat, obwohl ich noch Schillinge in der Geldbörse trage. Nein, ich werde ein theoretisches Problem haben, ein Problem des Erkenntnisvermögens. Ich fürchte nämlich, daß mit der Ausgabe der Euro-Währung ein Zeitalter zu

Ende geht. Nicht nur eine zeitliche Periode wird abgeschlossen sein, sondern mit ihr wird auch das Bild der Wahrnehmung Europas kippen.

Das wird nicht von heute auf morgen geschehen, sondern im Laufe von etwa zehn Jahren. Dann wird es die erste Generation von Fünfzehn- und Sechzehnjährigen geben, die nie ein anderes Währungsmittel als den Euro kennengelernt haben. Für sie wird die Kultur der Deutschen Mark, des Schillings, der Lire und der Peseten gleich ein ganzes Jahrhundert zurückliegen. So wie ich, gerade zehn Jahre nach dem Zweiten Weltkrieg geboren, den Begriff Reichsmark immer nur als Zahlungsmittel einer lang vergangenen, völlig anderen Welt wahrnehmen konnte.

Damit müssen wir Menschen mittleren Alters erst leben lernen. Unsere erste Lebenshälfte wird einer der Jugend nicht mehr zugänglichen Vorzeit angehören, in der es, wie wir dann erzählen werden, in Europa noch unterschiedliche Währungen gegeben hat. Das wird nach 20. Jahrhundert klingen, nach dem Schrecklichsten, womit Geschichte bisher aufzuwarten hatte.

Für uns Schriftsteller wird alles sogar noch schlimmer werden. Zu gut erinnere ich mich daran, wie es war, wenn ich als Jugendlicher Bücher las, in denen die Menschen mit Taler, Heller oder Reichsmark zahlten. »Hoffnungslos veraltet«, sagte ich mir. »Hat mit unserer Zeit nichts mehr zu tun.«

Am liebsten würde ich in meiner Literatur den Euro schon vor der Zeit einführen. Aber damit würde ich mich natürlich lächerlich machen. Vielleicht hat die künftige Jugend mehr Nachsehen, als wir es mit den Kämpfern des Zweiten Weltkriegs hatten. Vielleicht wird sie aber auch härter über uns urteilen, weil wir in der vergangenen Zeit, in der wir gelebt haben werden, das Anhäufen von Geld für wichtiger hielten als die Lebensumstände unserer Kinder.

50
SIGMUND FREUD
50
REPUBLIK ÖSTERREICH
SCHILLING
JOSEPHINUM · WIEN
H 401355 L
FÜNFZIG SCHILLING

BANK
50
Viisikymmentä
markkaa
Femtio
mark
50
SUOMI FINLAND

M. A. Numminen

Du sollst den Euro lieben wie dich selbst

Familie Häädelmä sammelt Münzen und trennt sich von der Finnmark

Schon immer war Herr Mainio Häädelmä bestrebt, ein rechtschaffener Untergebener zu sein, im Dienst seinen Vorgesetzten und als Bürger dem finnischen Staat. Das schuldet er einer langen Tradition. Sein Urahn hat im Dreißigjährigen Krieg als Hakkapelit gekämpft, also in der finnischen Reiterei des Obristen Ståhlhandske. Als zu jener Zeit ein jeder Kriegsmann neben Vor- und Vater- auch noch einen Nachnamen haben mußte, verpaßte der schwedische Feldschreiber dem Urahn Iikka Sohn des Antti den Namen seines Hofes, und der war Vroko, was soviel bedeutet wie »Vertreibung« oder »Räumung«. Genaugenommen hieß so zwar die Hauskuh, aber mit Kleinigkeiten wollte der Schreiber sich nicht abgeben. Iikka Vroko nahm an den Feldzügen gegen Wallenstein teil, zuerst bei Nürnberg, dann bei Lützen. Während in letzterer Schlacht Gustav II. Adolf, König von Schweden und Finnland, am 6. November 1632 das seine verlor, fand Iikka die Liebste fürs Leben, eine Jungfer namens Räumung. Ob es die Hand des Schicksals war, die dem finnischen Krieger die deutsche Dame wies, oder ob die Gene, die überhaupt stärker sind als aller menschlicher Wille, die Sache sogleich beim Einzug von Gustav Adolfs Truppen in Lützen klarmachten – Vroko und Räumung wurden ein Paar. Die Kriegsgefährten gaben den jungen Eheleuten, um künftiges Glück in Gang zu setzen, zwanzig Reichstaler, eine große Summe Geldes zu jener Zeit.

Des schwedischen Reiches Osten zu sein und aus dem Osten Prügel zu beziehen war Finnlands Schicksal, das am Ende des sogenannten Finnischen Krieges (1808–1809) dem Zarenreich zufiel. Nach Kriegsende war sowohl schwedisches wie russisches Geld im Umlauf. Der Großvater des Großvaters von Mainio, Klaus Sohn des Lyly Vroko, war ein heller Handelsmann, der verstand, sich die Schwäche des schwedischen Talers im Verhältnis zum russischen Rubel zunutze zu machen und dabei reich zu werden. Desungeachtet war Klaus Vroko ein treuer Untertan des Zaren, und der Erfolg blieb ihm trotz wanker Währung treu. Hatte man zunächst noch und hilfsweise Silber als Zahlungsmittel verwendet, kam das endgültige Aus für Finnlands monetäre Stabilität im Krimkrieg, an welchem Iikka Sohn des Klaus Vroko als Feldprediger teilnahm. Eine überraschende Wende trat ein, als Zar Alexander II. den finnischen Senat aufforderte, Vorschläge für eine eigene Währung auszuarbeiten, woraufhin Finnland 1860 die Mark (markka) einführte. Diese und der Pfennig (penni) hatten ihre historischen Wurzeln in der schwedischen Herrschaft, denn bei den Schweden war die Mark bereits seit Anfang des 11. Jahrhunderts in Gebrauch. Als Finnland begann, sich seiner nationalen Werte zu besinnen, kam die Mark als eigene Währung ganz gelegen.

Iikka Vrocius' Enkel Jousia finnlandisierte seinen Familiennamen bereits zu Beginn des zwanzigsten Jahrhunderts; doch hätte *Häätö*, die wörtliche Entsprechung für »Vertreibung« oder »Räumung«, nicht sehr eindrucksvoll geklungen. So verfeinerte er den Namen und teilte den fernen Verwandten in deutschen Landen mit, er heiße nunmehr *Häädelmä*, zu deutsch: Räumungle.

Zur gleichen Zeit kämpfte die finnische Mark ums Überleben. Zar Nikolaus II. hatte 1904 per Edikt verfügt, parallel zur finnischen Gold- und Silber-Mark den russischen Gold- und Silber-Rubel als gesetzliches Zahlungsmittel einzuführen. Der kaiserliche Erlaß wurde jedoch nie umgesetzt. Statt dessen fand sich auf den Banknoten ein Text in drei Sprachen – finnisch, schwedisch und russisch – wie beispielsweise auf der Einmarknote von 1915:

»Suomen Pankki maksaa tästä setelistä
YHDEN MARKAN kullassa –
Finlands Bank inlöser denna sedel med EN MARK i guld –
Финляндский Банкъ Одна Марка золотомъ«
(Die Finnische Staatsbank löst diese Note gegen EINE MARKKA in Gold ein)

Als Finnland 1917 seine Selbständigkeit erklärte, schwächelte die Mark erheblich, und erst in den zwanziger Jahren bekam man die Inflation in den Griff. Jousia Häädelmä war Pianist, und seine Musik taugte für alle Nationalitäten. Besonders wohl fühlte er sich im viersprachigen Vyborg. Dort redete man einträchtig finnisch, schwedisch, deutsch und russisch nebeneinander. In seiner Freizeit frönte Jousia der Sammlung von Geldnoten und -münzen, und ganz geil machten ihn dreisprachige finnische Exemplare: viisi markkaa – fem mark – пятъ марокъ *(fünf Markka)*. Dem Orgasmus nahe brachte ihn die Betrachtung seiner größten Kostbarkeit, eines Zweimarkstücks von 1682, aus der Zeit König Karls XI., und so beschaute er die Münze nie in Anwesenheit anderer, nicht mal seiner besten Freunde.

Leidenschaftlich war der Beginn des 20. Jahrhunderts, am 21. April 1910 erschien in Berlin die deutsche *Einhundert Mark*-Reichsbanknote.

Schon als kleines Kerlchen machte Jousias Sohn Mainio Bekanntschaft mit Vaters Kollektion. Der Papa zeigte ihm alles, ausgenommen Karls XI. Zweimarkstück, und versprach, wäre Mainio erst mal soweit erwachsen, um das Gleichnis von Biene und Blume zu verstehen, und habe gar selbst bereits gewisse natürliche Erfahrungen gemacht, dann sei die Zeit reif, ein weiteres Wertstück zu bewundern. Jousia Häädelmä deutete an, wegen des hohen Alters handele es sich um eine rechte Rarität.

»Hast du etwa ein Eichhörnchenfell?« fragte Mainio. »Mit so was wurden doch noch bis ins 16. Jahrhundert die Steuern bezahlt.«

»Eichhörnchen sind Eichhörnchen, und Blumen und Bienen sind ganz was anderes«, antwortete Vater Jousia und lächelte rätselhaft.

»Und wann darf ich es sehen?« verlangte der Knabe zu wissen.

»Schauen wir mal, wie du dich machst. Wenn du eines Tages Student geworden bist und dich an der Universität auf dein Medizinexamen vorbereitest, dann sehen wir schon.«

»Aber ich will doch überhaupt nicht Arzt werden! Ich werde Gefangenenwärter!« strahlte Mainio seinen Vater an.

»Unsere Familie«, stellte Jousia klar, »hat noch nie mit Gefängnissen zu tun gehabt, weil es in unserer Familie noch nie Verbrecher gegeben hat.«

»Und der eine Vorfahr, dieser Klaus Lylysohn, war der nicht ein ziemlich krummer Hund? Immerhin ist er doch ziemlich reich geworden, und reich wird man nicht durch rechte Arbeit«, zitierte Mainio aus den Reden der Erwachsenen.

»Glücklicherweise hat Klaus Lylysohns Sohn Iikka seine Erbschaft der finnischen Volkserziehung vermacht; mit Hilfe von Iikkas Geld konnten zahllose finnischsprachige Bücher gedruckt werden«, erhellte der Vater den Sohn.

»Und so sind wir nie zu einem Landgut gekommen«, meinte Mainio wehmütig.

Die dreißiger Jahre waren eine Zeit der Krisen. Die große Depression hatte die Weltwirtschaft in einen elenden Zustand versetzt, und radikale politische Bewegungen fanden ihre Anhänger auch unter ganz gewöhnlichen Menschen. In Finnland gewann eine extrem rechte Gruppierung an Einfluß, die einen Putschversuch unternahm, welcher indessen niedergeschlagen wurde. Der erste finnische Staatspräsident (1919–1924) Kaarlo Juho Ståhlberg fiel Extremisten in die Hände, die versuchten, ihn in die Sowjetunion abzuschieben. Dieses schändliche Vorhaben wurde in der Stadt Joensuu vereitelt. Jousia Häädelmä, stets loyal auf seiten der rechtmäßigen Regierung, verteidigte die Obrigkeit mit dem Klavier. Forderte man von ihm, grundgesetzwidrige Bestrebungen kompositorisch zu verherrlichen, so modulierte er die Melodie in wenigen Takten dergestalt, daß sie die parlamentarisch legitimierten gesellschaftlichen Werte des Landes zum Ausdruck brachte. Während der Prohibition zwischen 1919 und 1932 versuchte man, solcherlei grundsolide Einstellungen zu erschüttern, indem man den Pianisten mit sogenanntem »starken Tee« begoß – schärfste Form des Protestes, die der Konsument von Schwarzgebranntem gegen das Ziel seines Hasses richten konnte. Der Pianist Häädelmä spielte dann sein Stück zu Ende und ging hinaus, um sich zu säubern.

Bekümmert mußte Jousia Häädelmä zur Kenntnis nehmen, wie die politische Situation sich zuspitzte, bis es schließlich zum Krieg kam. Nach Ausbruch des Zweiten Weltkrieges beschloß die Finnische Staatsbank im Herbst 1939 aus dem Verbund mit dem englischen Pfund (Herr Häädelmä hatte bei englischen Trabrennen gewettet und dann und wann erfreulich stattliche Sterling-Summen gewonnen) auszuscheren und die

Mark an den goldgebundenen Dollar zu binden, dessen Kurs bei 49,35 lag. Während des Krieges – Jousia Häädelmä verstarb plötzlich infolge einer akuten Bauchentzündung – blieben die Kursnotierungen trotz fortschreitender Inflation unverändert. Jousias Junge war mit den jüngsten Jahrgängen als noch nicht Zwanzigjähriger eingezogen worden und mußte an die Front. Erst 1945, als Mainio endgültig aus dem Wehrdienst entlassen worden war, kam es im Zuge einer großen Abwertung zur Neufixierung des Dollarkurses. Die Inflation ließ sich an den Münzen ablesen, deren kleinere zeitweilig aus Eisen waren und ein Loch hatten. Nach dem Tode des Vaters konnte Mainio endlich auch das große Geheimnis seines Erzeugers lüften. Warum Jousia ihm das Zweimarkstück aus der Zeit Karls XI. nicht schon als Kind gezeigt hatte, verstand er allerdings nicht. Was war an der alten Münze, das so geheimgehalten werden mußte?

Für Mainio Häädelmä ging ein großer finnischer Traum in Erfüllung: er wurde schließlich doch noch Gefangenenwärter. Hierzu trug seine militärische Karriere bei, wenn diese auch nur kurz gewährt hatte. Immerhin: die tollkühne Art, in der er an vorderster Front Sprungaufmarschmarsch-Befehle befolgt hatte, schien den für das Gefängniswesen Verantwortlichen Zeichen unerschütterlicher Charakterfestigkeit, wie man sie besonders nach dem Kriege in den Knästen brauchte. Bei aller Tadellosigkeit – Mainio Häädelmä lag ererbt von seinen Vätern die Leidenschaft für das Sammeln von Banknoten und Münzen im Blut. Dabei beschränkte er sich nicht auf alte Stücke, Respekt zollte er auch modernen Zahlungsmitteln. Sogar Ersatzgeld, Coupons aus dem Krieg, taugte ihm für seine Kollektionen. Bald nach Kriegsende machte er sich eines kleinen Vergehens schuldig, das sein Gewissen jahrelang belasten sollte und das er seinen Vorgesetzten erst beichtete, nachdem er

1980 in Pension gegangen war. 1947, als er bereits die Beziehung zur künftigen Gattin geknüpft hatte, geriet Mainio Häädelmä in schreckliche Versuchung, so ungeheuer, daß sie allein derjenigen vergleichbar ist, die Jesu durch Satan widerfuhr, als dieser jenen auf den Berg geführt und aufgefordert hatte zu springen. Ein hungriger Knastbruder hatte Häädelmäs Schwäche mitbekommen. Eines Tages, als Häädelmä und der Anstaltsinsasse zufällig allein waren, bot letzterer seinem Wärter eine Fünfrubelnote aus dem Jahr 1938 an, darauf war ein prachtvoller sowjetischer Pilot neben seinem Kampfflugzeug abgebildet. Preis: ein Laib Roggenbrot. Häädelmä war kein Jesus. Er konnte der Versuchung nicht widerstehen, begab sich vielmehr auf den Schwarzmarkt, besorgte ein Roggenbrot und tauschte es gegen die Fünfrubelnote ein. Dabei blieb es nicht. Der Sträfling trat ein weiteres Mal an Häädelmä heran. Diesmal mit einem staatlichen Lotterieschein aus dem Jahr 1942, wie er seinerzeit »zugunsten der Volksbildung in Ostkarelien, von Aunus und Viena sowie der rückeroberten Gebiete« vertrieben wurde. Die Ziehung war am 24.10.1942, einen Tag nach dem Tode von Vater Jousia, und wer weiß, der hatte womöglich das Gewinner-Los in der Brusttasche. Sollte dieser Schein als einziges Beweisstück für das väterliche Interesse an der staatlichen Wirtschaftspolitik auf ihn gekommen sein? Erneut beschaffte Häädelmä einen Laib Brot und kam in den Besitz eines potentiellen Andenkens an den Vater. Nach diesem Vorfall ließ er sich in ein anderes Gefängnis versetzen, um nicht länger den Blicken des strafgefangenen Verführers ausgesetzt zu sein.

Die Währungsreform von 1963

Anfang 1963 trat ein Gesetz in Kraft, infolgedessen sich der Wert einer Geldeinheit verhundertfachte. Die überkommene Bezeichnung wurde beibehalten, doch entsprachen hundert alte einer neuen Mark. Der IWF anerkannte den mit 0,2771 Gramm festgelegten internationalen Goldwert der Finnmark. Mainio Häädelmä hatte bei den Präsidentenwahlen für eine zweite Amtszeit von Urho Kekkonen gestimmt, weil Kekkonen ihn am meisten an den Kaiser und er sich an das biblische Jesus-Wort erinnerte: »Gebt dem Kaiser, was des Kaisers, und Gott, was Gottes ist.«

Kekkonen wurde danach noch wiederholte Male zum finnischen Staatspräsidenten gewählt, und nach 25jähriger Herrschaft (»der finnische Präsident heißt Kekkonen und wird alle sechs Jahre gewählt«) hatte er sich im Bewußtsein der Finnen als eine Art aufgeklärter Despot verankert. Mainio Häädelmä war mit Kekkonen einverstanden, und ebenso einverstanden war er mit der Aufwertung der Mark, auch wenn ihre Kaufkraft nur noch zwei Fünfteln der ursprünglichen Mark entsprach. Für die älteren Leute war es außerordentlich schwer, sich an den Gedanken zu gewöhnen, daß eine Mark soviel sein sollte wie früher hundert.

Schon längst drehten die Kinder sich – ein Sohn als Arzt, der andere als Pastor; die Tochter als Richterin – verläßlich im Räderwerk der Gesellschaftsmaschinerie, als Mainio Häädelmä in Rente ging. Man war aus der unteren in die gehobene Mittelklasse aufgestiegen. Die Gene hatten sich durchgesetzt, Vater Mainios Wünsche nicht. Wie sehr hatte er gehofft, der ältere Sohn würde in seine Fußstapfen treten, der jüngere Metzger und die Tochter ihren Sinn auf den guten alten Beruf der Hebamme richten. Daß seine Frau Helmi Lehrerin war, erklärt, warum in der Familie ab und an intellektuelle Auseinandersetzungen stattfanden.

Inzwischen ist Mainio Häädelmä freier Rentner und lebt in der prickelnd gespannten Erwartung des Euro. Wieder einmal steht neues Geld ins Haus! Neues Geld ist ein bißchen wie eine neue Braut. Als treuer Ehemann sublimiert Herr Häädelmä die zu erwartenden Wonnen auf dem Umweg über seine Ehefrau Helmi, die ihr Glück kaum fassen kann. Was nur macht mit einem Male einen Traumhengst aus dem alten Eheschinder? Ach, sie weiß nicht, daß die neuerwachte Leidenschaft der Euro schuf und weniger das Weib.

Bereits seit dem Jahr 2000 besitzt die Familie Häädelmä einen Euro-Umrechner. Obwohl sie formal besser gebildet ist als er, fällt es ihr doch schwerer, sich vorzustellen, was im Januar 2002 passieren wird, wenn alle überlegen müssen: einmal sechs, acht mal sechs.

Was ja relativ einfach ist, denn Helmi beherrscht das kleine Einmaleins. Aber wie steht es mit 1,38 mal sechs, 33,67 mal sechs? Wieviel sind 37 Euro und 5 Cent? Wunderbare Gelegenheit, der Frau zu erklären, daß die finnische Familie nicht unbegabter sein kann als die kroatische. Auf dem Balkan gilt bereits seit langem die D-Mark, und keiner macht sich Gedanken über den Wechsel zum Euro.

»Helmi, mein angetrautes Eheweib, kennst du die zehn Gebote des Katechismus?«

»Selbstverständlich kenne ich die!«

»Wie lautet das vierte Gebot?«

»Du sollst Vater und Mutter ehren und so weiter ...«

»Und das sechste Gebot?«

»Du sollst nicht ehebrechen!«

»Hast du die Ehe gebrochen, Frau?«

»Jesuschristus! Daß du dich nicht schämst zu fragen! Ich die Ehe gebrochen, aber wirklich!«

»Das achte Gebot?«

»Du sollst nicht falsch Zeugnis reden wider deinen Nächsten!«

»Elftes Gebot?«

»Halt die Luft an! Es gibt kein elftes Gebot!«

»Zwölftes?«

»Es gibt auch kein zwölftes Gebot! Selbst hast du doch gerade gefragt, ob ich die zehn Gebote des Katechismus kenne.«

»Das dreizehnte Gebot?«

»Nun laß aber sein, Mainio. Hör schon auf!«

»Das dreizehnte Gebot lautet: Du sollst den Euro lieben wie dich selbst!«

Aus dem Finnischen von Eike Fuhrmann

100
20
BCE ECB EZB EKT EKP
100 EURO ΕΥΡΩ
20 EURO ΕΥΡΩ
50 EURO ΕΥΡΩ
200 EURO ΕΥΡΩ
2002

Ulrich Weinzierl

Und die Shetland-Inseln?

Der Wiener Gebrauchsdesigner Robert Kalina entwarf Europas zukünftige Geldscheine

Es ist nicht ganz einfach, zu diesem Herrn vorzudringen. Das vom Wiener Stararchitekten Wilhelm Holzbauer errichtete Gebäude mit seiner Glasfassade im Erdgeschoß wirkt von außen weniger einschüchternd als drinnen. Streng blickt das Argusauge des Gesetzes, leibhaftig und mittels Videokameras, auf Besucher. Da werden Ausweise kontrolliert, mehrere Schleusen sind zu passieren. Was so sorgsam bewacht wird, ist aber keineswegs der im dritten Stock residierende »Mister Euro«, sondern die »Oesterreichische Banknoten und Sicherheitsdruck GmbH«, eine hundertprozentige Tochterfirma von Österreichs Nationalbank. Wer die Druckhalle betreten wollte, müßte biometrische Erkennungssysteme von seiner Zutrittsberechtigung überzeugen. Ein falscher Fingerabdruck genügt für sofortige Aussperrung.

Nun klingt der taxfrei verliehene Titel »Mister Euro« ohne Zweifel etwas übertrieben. Robert Kalina ist der Designer der Nationalbank. Also ein Gebrauchsgrafiker, doch mit besonderer Verantwortung. Was er 1996 ersann, wird ab Anfang nächsten Jahres durch die Hände von Hunderten Millionen Europäern gehen. Kalinas selbstverständlich anonym eingereichte Entwürfe für die Euro-Geldscheine hatten nicht nur den Beifall der Jury gefunden, sondern auch den der letztendlich entscheidenden Gouverneure der Zentralbanken. Die Farbskala, vom (blau)grauen 5er bis zum violetten 500er, war im Wettbewerb des Europäischen Währungsinstituts vorgeschrieben. Auch die zwölfsternige Europafahne durfte nicht fehlen. Die Sprachenvielfalt wird indes bloß durch fünf Buchstabentrios versinnbildlicht – von BCE bis EKP, lauter Abkürzungen für »Europäische Zentralbank« (EZB). Kein Wunder, daß die unleserliche Unterschrift von Wim Duisenberg stammt. Seine Funktion – Präsident der EZB – in den erforderlichen Idiomen hinzuzufügen hätte freilich den Bildrahmen gesprengt. Man sieht: Sachzwänge überall.

Kalinas Karriere verlief ungemein stetig. Geboren 1955 in Wien, absolvierte er die Grafische Lehr- und Versuchsanstalt. Die zeichnerische Genauigkeit des Schülers – wienerisch gesagt: eines Pitzlers und Tüftlers – erregte die Aufmerksamkeit seines damals bereits pensionsreifen Amtsvorgängers. Robert Kalina trat 1976, unmittelbar nach dem Schulabschluß, in die Dienste der Nationalbank. Er dürfte dort bis zum Rentenalter bleiben: einmal Gelddesigner, immer Gelddesigner. Schon während der Ausbildung hatte sich einschlägiges Interesse gezeigt: Kalina schuf in der Meisterklasse eine Banknote mit dem Kopf Gustav Mahlers, der in seiner Heimat – abgesehen von einer längst vergriffenen Silbersammlermünze von anno 1992 – nie zur Ehre der Zahlungsmittelaltäre aufgestiegen ist.

Alle kursierenden Papierschillinge, naturgemäß sogar die Fälschungen, sind Kalinas ästhetische Erfindung. Und auch hier gilt die paradoxe Regel: Das Bekannte, allzu Bekannte wird leicht zum Unsichtbaren. Kaum jemand in Österreich vermöchte die exakten Bildinhalte aus dem Gedächtnis wiederzugeben.

Die auf nationale Empfindlichkeiten Bedacht nehmenden Vorgaben waren jedenfalls strikt. Kein Land durfte durch zuordenbare Motive bevorzugt werden. Die Wettbewerbsteilnehmer hatten darum nur die bedingt verlockende Alternative, sich entweder »abstrakt moderner Gestaltung« zu befleißigen oder »Zeitalter und Stile Europas« zu wählen. Porträts und Monumente sollten unter keinen Umständen auf tatsächliche Vorbilder verweisen. Robert Kalinas pragmatische Lösung: Er beschränkte sich auf symbolträchtige Tore und Fenster und Brücken aus den wichtigsten kunsthistorischen Epochen – von der klassischen Antike bis zur Moderne, die für den höchsten Nennwert, den 500-Euro-Schein, reserviert ist. Bald wird man also mit einem barocken Hunderter, einem romanischen Zehner und einem Renaissance-Fünfziger bezahlen. Da es die abgebildeten Brücken nicht gibt, mußten Statiker überprüfen, ob die Konstruktion nicht vielleicht einstürzen würde. Ein eher virtuelles Problem, gewiß. Eher unvorsichtig war jedoch die Idee, auf der Rück-, der Brückenseite des Euro eine kleine europäische Umrißkarte zu plazieren. Sogleich nach Bekanntgabe der Kür von Kalinas Konzept, berichtet er, habe ein britischer Journalist angerufen, um sich zu beschweren: Ob er denn glaube, daß die Shetland-Inseln nicht zu Europa gehörten! Ehre, wem Ehre gebührt: Die Grande Nation hat dafür erreicht, daß das Überseedépartement Französisch Guyana ein eigenes Kästchen links unten erhielt. Ansonsten setzte sich vernünftigerweise das ungeniert so genannte »Fliegenschiß«-Prinzip durch. Territorien unter einer Größe von 400 Quadratkilometern existieren in der Geldkartografie eben nicht.

Robert Kalina strahlt aus, was er mehr als andere braucht: Unerschütterlichkeit und Gelassenheit. Die Frage, wie lange wir mit seinen Euro-Scheinen wohl zu leben hätten, beantwortet er mit der durchschnittlichen Banknotenhalbwertszeit: Fünfzehn Jahre.

DEUTSCHE BUNDESBANK
50
50
DU8376303D2
Deutsche Bundesbank
Frankfurt am Main
2. Januar 1996

Nachwort

Europa lieben, wegen des Euro trauern

Europa! Was für ein prachtvolles Wort. Wie gut es klingt und schwingt. Europa! Die Vokale des Anfangs geben ihm gleich einen vollen, satten Sound, untermalt von einem rollenden, grollenden Konsonanten, bevor sich das Ganze in der effektvoll hervorplatzenden Endsilbe entlädt. Eu-!-ro-!-pa-!!! Was für ein Wort. So ein Wort läßt sich vorzüglich von der Bühne ins ausverkaufte Haus flüstern. Oder während einer Protestveranstaltung aufputschend in die Menge schleudern. Oder im Parlament den Abgeordneten ans Herz legen. Oder während einer Akademie-Debatte mit präzise hochgezogener Augenbraue zwischen die Professoren plazieren.

Europa! Kein Wunder, daß die Dichter und Schriftsteller dieses Wort lieben, gehört es doch zu ihrem Beruf, nicht allein auf den Sinngehalt der Worte zu achten, sondern auch auf den Effekt, der mit ihnen zu machen ist. Und Effekt läßt sich mit Europa unzweifelhaft machen. Weit über zweihundert Jahre lang treibt das Wort und die Idee jetzt Dichter und Schriftsteller um. Seit der Romantik tritt Europa immer wieder in literarischen Essays und Reden, Manifesten und Memoranden herrisch aus den Kulissen hervor wie ein König, stellt sich selbstgewiß in den Mittelpunkt und läßt sich huldigen. Was allerdings nicht heißt, die über Europa schreibenden Autoren hätten unter Europa je annähernd das gleiche verstanden. Im Gegenteil, jeder von ihnen hatte ganz und gar eigene Vorstellungen und hat sich nicht davon abhalten lassen, sie in dem so geräumigen Begriff Europa unterzubringen.

Aber warum sollten sie sich auch einig sein? Warum sollten ausgerechnet die Schriftsteller beim Umgang mit diesem Wort einer Meinung sein, wo doch selbst die Politiker – deren Geschäft Europa in weit höherem Maße war und ist – immer wieder heftig aneinander vorbeireden, sobald sie mit diesem Begriff herumfuchteln. Klar abzusehen ist allerdings ein Trend: Je konkreter in jüngerer Zeit die politischen Konturen der europäischen Integration wurden und werden, je weniger die Rede ist von Europa als Idee, sondern von Brüssel, Schengen, Maastricht oder eben vom Euro, desto sachlicher, nüchterner, wenn nicht gar schäbiger werden die Auftritte des ehemals so erhabenen, königlichen Begriffs auf den Papieren der Schriftsteller.

Schaut man genauer hin, was große Literaten in den letzten beiden Jahrhunderten über Europa geschrieben haben, so läßt sich allenfalls eine Gemeinsamkeit ausmachen. Europa, das war für die meisten von ihnen die Antithese zum jeweils Bestehenden, genauer: die Antithese zu jenen Aspekten des Bestehenden, die der Betreffende besonders verachtete oder fürchtete. Europa übernahm für die Schriftsteller die Rolle einer Hoffnungsvision, die sie der politischen, wirtschaftlichen und viel zu oft der kriegerischen Realität auf diesem Kontinent entgegenhielten. Sie haben das klangvolle Wort auf diese Weise aufgeladen mit immer neuen Sehnsüchten, Emotionen, Träumen – so daß es zwar noch mitreißender klang, aber nicht eben an konkreter Kontur gewann. Oder um es weniger milde auszudrücken: Unter Europa haben die Dichter und Schriftsteller immer das verstanden, was ihnen gerade argumentativ in den Kram paßte.

Novalis zum Beispiel, der als einer der Urväter der literarischen Europa-Visionen gilt, träumte 1799 einen Traum von einem geeinten christlichen Abendland, der weit jenseits aller politischen Vorstellungen steht, die wir heute diskutieren. Als entschlossener Gegner der Aufklärung schwärmte er von den »ächt christlichen

Zeiten«, in denen es verboten war, öffentlich »zu behaupten, daß die Erde ein unbedeutender Wandelstern sey«, und in denen sich »das weise Oberhaupt der Kirche frechen Ausbildungen menschlicher Anlagen auf Kosten des heiligen Sinns« entschlossen widersetzte. Doch schon mit der Reformation sei es »um diese Zeit mit dunklen unendlichen Augen« geschehen gewesen. Alles, was seit Ausgang des Mittelalters das Leben in Europa angenehmer, sicherer, liberaler gemacht hat, entstand seiner Ansicht nach auf »Drucke des Geschäftslebens« und hat die Menschen dazu verführt, »ihr ganzes Dichten und Trachten den Mitteln des Wohlbefindens allein zuzuwenden« – was für ihn einschließlich sämtlicher Bemühungen um demokratische oder rechtsstaatliche Verhältnisse selbstverständlich von Übel war.

Nicht mit dem gleichen religiösen Fundamentalismus, aber doch mit ähnlichen antiökonomischen Affekten sprang ihm vier Jahre später sein Freund Friedrich Schlegel bei. Auch er störte sich vor allem an der Heterogenität des Kontinents, der eine Zeit der »Trennung« und des »Zwiespalts« erlebe. Mit einer Ausnahme: »Das herrschende Princip der menschlichen Angelegenheiten gegenwärtig, was alles lenkt und endlich entscheidet, aber ist Gewinn und Wucher, und überall nichts als Gewinn und Wucher ... Gegen diese europäische Gleichheit verschwindet in der That jeder Nationalunterschied.« Schlegel und Novalis wollten dagegen den Idealen der Philosophie und Poesie in Europa einen höheren, wenn möglich den höchsten Rang einräumen – und damit natürlich auch den Philosophen und Poeten, also Berufsgruppen, denen sie selbst angehörten. Der zunehmende Materialismus ihrer Zeit stieß sie ab, und so entwarfen sie eine utopische, kulturell geeinte Gegenwelt, die sie kurzerhand auf den Namen Europa tauften.

Nicht Abscheu vorm schnöden Mammon, sondern berechtigte Angst vor einem Krieg war es, die Victor Hugo dazu brachte, 1851 in der Französischen Nationalversammlung ein Bild der »Vereinigten Staaten von Europa« zu skizzieren. Dieser Staatenbund sollte von einer »Central-Versammlung« regiert werden und – Widerwille hätte Novalis und Schlegel erfaßt – es den beteiligten Nationen endlich erlauben, »ihren Handel, ihren Gewerbefleiß« zu einer durch Grenzen ungehinderten Blüte zu bringen. Wie schon Ludwig Börne Jahre zuvor und Heinrich Mann Jahrzehnte später fürchtete Victor Hugo nichts so sehr wie einen militärischen Konflikt zwischen Frankreich und Deutschland. Dem heimlichen Gesetz der literarischen Europa-Träume folgend, war für diese Autoren die Vorstellung von Europa deshalb vor allem die Vorstellung einer deutsch-französischen Zusammenarbeit – was zu ihrer Zeit nicht ungefährlich war: Sie alle sind für ihre Appelle zur Aussöhnung von den Nationalisten ihrer Zeit angefeindet und ins Exil gedrängt worden. In den letzten Monaten des Zweiten Weltkriegs verbreitete ein politisch fundamental anders orientierter Schriftsteller, den man schwerlich einen Antimilitaristen nennen könnte, sein Europabild in klandestinen Typogrammen und Abschriften: Ernst Jünger skizzierte, als die Niederlage Deutschlands bereits absehbar war, die Vision eines durch ein Bündnissystem geeinten und dauerhaft befriedeten Europas, in dem kein Land »auf fremde Kosten sich neue Räume schafft« und in dem »dieser Krieg durch alle gewonnen«, weil »er durch niemand verloren« wird. Es ist verblüffend, wie genau Jünger in seinem Essay die Grundzüge zumindest der westeuropäischen Nachkriegsordnung vorausahnt und zeigt, daß es allein an der Großmut der Siegermächte liegt, ein langfristiges harmonisches Zusammenleben der Völker möglich zu machen oder nicht. Doch in gleichem Maße ist es auch befremdlich, daß – während das Morden auf Schlachtfeldern und in Gaskammern noch anhielt – ein Deutscher schreibt, Deutschland dürfe von seinen Gegnern keinesfalls als Verlierer des von ihm angezettelten Krieges behandelt werden. Hier macht sich wieder bemerkbar, wie sehr des Autors Wunsch der Vater des jeweils entworfenen Europagedankens ist.

Und so weiter und so fort, selbst die neuerdings wachsende Skepsis vieler Schriftsteller gegenüber der europäischen Integration, die im Heraufdämmern des Eurozeitalters besonders deutlich spürbar wird, folgt einem vergleichbaren Muster. Hans Magnus Enzensberger hat diese Skepsis vehementer als alle anderen formuliert und für die Zeit nach 1992 »offenen Widerstand« der Bürger Europas gegen die Brüsseler Vereinheitlichungsversuche prophezeit: »Unser Kontinent wird sich nie, wie ein Großkonzern, von einer Zentrale aus steuern lassen ... Wenn dieser Kontinent im Wettbewerb des kommenden Jahrhunderts überhaupt eine Chance hat, dann liegt sie eben in der reichen Artikulation seiner Gesellschaftsformen, in seiner Komplexität und in seinem Reichtum an Überlieferungen, Haltungen und Qualifikationen.« Die jüngsten Plebiszite in Dänemark und Irland, die keineswegs den von Brüssel gewünschten Ausgang nahmen, und vor allem die gewalttätigen Proteste gegen die Politik der Globalisierung in Göteborg und Genua scheinen Enzensbergers Voraussage, es werde »offener Widerstand« sich regen, recht zu geben.

Eine ähnliche Tendenz zeigen auch Martin Walsers und Manuel Vázquez Montalbáns Polemiken gegen den Euro und die Politiker, die seine Einführung betrieben. »Das ist die Lehre«, schreibt Walser, »die uns der Euro erteilt: die Vielfalt muß weg. So wie Tiere und Pflanzen aussterben, so sterben Währungen aus. Die Vereinfacher geben das Tempo an, in dem gestorben wird.« Gerade zu jener Zeit also, in der die Integration Europas voranschreitet, wird in der Literatur – im Gegensatz zu den Einheitsphantasien der Schriftsteller früherer Jahrhunderte, aber im Einklang mit der Begeisterung der postmodernen Vordenker für Vielfalt und Differenz – der liebenswerte und produktive kulturelle Eigensinn der einzelnen Nationen entdeckt und gefeiert. Wieder also erweisen sich Schriftsteller als explizit kritische Denker, als Teile der Kraft, die stets verneint (zumindest die Pläne der Politiker verneint), und wieder finden sie in dem unerschöpflichen Begriffs-Schatzkästlein namens Europa dafür die passenden Argumente.

Claudio Magris allerdings hält den Euro-Feinden entgegen, daß Vielfalt nicht nur positive Züge kennt, sondern auch einen »Partikularismus ungebändigter Unterschiede«, der sich in regionalen und ethnischen Mikronationalismen gewalttätig entladen kann: »Nur ein starkes, vereinigtes Europa mit dem Euro als festes Bindeglied kann die kulturellen, sprachlichen, religiösen und traditionellen Unterschiede, aus denen es besteht, wirklich schützen, so wie sie übrigens auch in der Vergangenheit eher in den großen Mehrvölkerstaaten – vom Römischen Imperium bis hin zum Habsburgerreich – geschützt waren als in der chaotischen partikularistischen Zersplitterung, in der jede Gemeinschaft der Gewalttätigkeit der stärkeren ausgeliefert ist. Heute sind die Nationalitäten, die in der Schweiz alle gleichermaßen den Franken benutzen, besser geschützt als die auf dem Balkan, die verschiedene nationale Währungen verwenden.«

Europa – Novalis sah darin eine durch eine »zweite Reformation« wiederzugewinnende religiöse Gemeinschaft, Victor Hugo eine politische Vereinigung samt wirtschaftlicher Freizügigkeit, für Heinrich Mann lagen die Zukunftschancen des Kontinents in der Überwindung der kulturellen Gegensätze, für Enzensberger und Walser liegen sie gerade im nachdrücklichen Ausformulieren eben dieser Gegensätze. Eine eindeutige, unstrittige und in jeder Hinsicht überzeugende Antwort, wie Europas Zukunft aussehen solle, läßt sich auch aus der Literatur nicht ableiten. Die Thesen der Schriftsteller sind ebenso kontrovers und diskussionsbedürftig wie die der Politiker – die der Schriftsteller sind nur besser formuliert.

Das klingt banal, ist es aber nicht. Unterschätze niemand die Macht der glänzenden, der prachtvollen, der mit Emotionen aufgeladenen Worte. Europa! Gut möglich, daß es allein dieses Wort war, das den jahrhundertelang zerrissenen Kontinent im Kopf seiner

Bewohner als mögliche Einheit erkennbar machte und zusammenhielt. Es sind die Geschichten und Verse, Legenden und Mythen, kurz, es sind die Erzählungen aller Medien, die das kollektive Gedächtnis prägen, und also auch das politische Bewußtsein. Ohne den oft angefeindeten Glauben so vieler Schriftsteller an ein geeintes Europa hätte die Politik der Integration vielleicht nie die Dynamik und Zustimmung erreichen können, die sie heute vorantreibt. Aber ohne all die wehmütigen Erinnerungen der Autoren an das, was wir dieser Politik zum Opfer bringen müssen – nicht zuletzt unsere alten Währungen –, würde sich wohl auch der Widerstand gegen jene Integration nicht mit gleicher Kraft formulieren. Denn es ist nicht wenig, was hier geopfert wird. Joseph A. Schumpeter, der große Wirtschaftswissenschaftler, erinnerte daran, daß »sich im Geldwesen eines Volkes alles spiegelt, was dieses Volk will, tut, erleidet, *ist*«. In diesem Sinne nehmen die Deutschen jetzt mit der Mark Abschied von der währungspolitischen Repräsentation der bislang demokratischsten, liberalsten, wohlhabendsten und zugleich friedlichsten Epoche ihrer Geschichte. Kein Wunder, daß ihnen das nicht leichtfällt, erstaunlich, mit welcher Ruhe sie es dennoch über sich ergehen lassen.

Die Reaktionen der anderen Euro-Nationen leiten sich, wie die Beiträge dieses Bandes erkennen lassen, aus ähnlichen historischen Ursachen her, auch wenn sie mitunter ganz anders ausfallen als bei uns. Die Trauer des Abschieds ist allen gemeinsam. An dem Gulden, den Leon de Winter noch in der Hand des Kindes spürt, das er einmal gewesen ist, an dem Franc und dem Sou, deren Spuren Michel Tournier durch die französische Sprache und Kultur folgt, an der Drachme und der Finnmark, denen Petros Markaris und M. A. Numminen eher verhaltene Nachrufe widmen, an dem irischen Pfund, dessen Geheimnisse John Banville trotz aller Bemühungen nicht einmal der eigenen amerikanischen Frau nahebringen konnte, an dem Schilling, dessen Josef Haslinger mit Nachsicht gedenkt, und an dem Escudo, der für Mário de Carvalho nur ein Jungspund in der uralten portugiesischen Geschichte ist, an all diesen Münzen und Scheinen hängt eben immer auch ein Stück Erinnerung an das eigene Leben.

Alle Beiträge dieses Buches wurden von den Autoren auf Bitten der Tageszeitung ›Die Welt‹ geschrieben und im Feuilleton der ›Welt‹ zwischen dem 3. Juli und dem 3. September 2001 erstmals publiziert. Nicht alle Essays konnten in der Zeitung in vollem Umfang gedruckt werden, notwendige Kürzungen wurden mit Einverständnis der jeweiligen Autoren vorgenommen. Im vorliegenden Band werden die ungekürzten Fassungen aller Texte veröffentlicht.

Uwe Wittstock

Die Autoren

John Banville, geboren 1945 in Wexford, Irland, gehört zu den bedeutendsten zeitgenössischen irischen Autoren. Er hat zahlreiche Romane veröffentlicht, die mehrfach ausgezeichnet wurden, u. a. ›Athena‹ (dt. 1996) und ›Der Unberührbare‹ (dt. 1997). Banville ist Literaturredakteur der ›Irish Times‹ und lebt in Dublin.

Mário de Carvalho ist Anwalt in Lissabon und einer der bedeutendsten portugiesischen Schriftsteller der Gegenwart. Für seine Romane und Erzählungen wurde er mit zahlreichen literarischen Preisen ausgezeichnet, u. a. mit dem Literaturpreis der Stadt Lissabon (1982), dem Grande Prémio do Romance (1995), dem Prémio Fernando Namora (1996) und dem Pegasus-Preis für Literatur (1996).

Josef Haslinger, geboren 1955 in Zwettl (Niederösterreich), studierte Philosophie, Theaterwissenschaft und Germanistik in Wien. Von 1986 bis 1989 Generalsekretär der »Grazer Autorenversammlung«. Lehraufträge in Kassel, Innsbruck, Wien und Ohio/USA, seit 1996 Professor für Literarische Ästhetik am Deutschen Literaturinstitut Leipzig. Sein Roman ›Opernball‹ (1995) wurde auch erfolgreich verfilmt.

Claudio Magris, 1939 in Triest geboren, lehrt deutsche Literatur in Triest. Zu seinen berühmtesten Werken gehören ›Die Welt en gros und en détail‹, für das er 1997 den Premio Strega, den wichtigsten italienischen Literaturpreis erhielt, ›Die Donau. Biographie eines Flusses‹ (dt. 1996) und ›Der habsburgische Mythos in der modernen österreichischen Literatur‹ (dt. 2000).

Petros Markaris, geboren 1937 in Istanbul, studierte Volkswirtschaft, bevor er zu schreiben begann. Er ist Verfasser von Theaterstücken und Romanen (u. a. ›Hellas Channel‹, dt. 2000; ›Nachtfalter‹, dt. 2001), Schöpfer einer beliebten griechischen Fernsehserie und Übersetzer von Brecht und vielen anderen deutschen Dramatikern. Markaris lebt in Athen.

M. A. Numminen, geboren 1940, lebt in Lempääla in Finnland. Er ist Komponist, Filmemacher, Entertainer und Autor. Auf deutsch sind u. a. erschienen: ›Tango ist meine Leidenschaft‹ (2000) und ›Der Weihnachtsmann schlägt zurück‹ (2001).

Michel Tournier, geboren 1924 in Paris, studierte von 1946 bis 1950 Jura, Philosophie und Literatur in Paris und Tübingen. Er arbeitete als Verlagslektor, Rundfunkjournalist und Übersetzer und lebt heute als freier Schriftsteller in Choisel. Seine literarischen Werke wurden mit zahlreichen Preisen ausgezeichnet, u. a. der Roman ›Der Erlkönig‹ (1970; verfilmt von Volker Schlöndorff) mit dem Prix Goncourt.

Manuel Vázquez Montalbán, geboren 1939 in Barcelona, ist Lyriker, Roman- und Sachbuchautor, Essayist, Kolumnist und Gourmet. Die Gesamtauflage seines Werkes allein in seinem Heimatland beträgt über 1,2 Millionen Exemplare. In Deutschland ist er hauptsächlich durch seine Kriminalromane um den Barceloniner Privatdetektiv Pepe Carvalho, gleichermaßen den Frauen als auch gutem Essen zugeneigt, bekannt. Vázquez Montalbán lebt in Barcelona.

Martin Walser, geboren 1927, wuchs in Wasserburg/Bodensee auf. Nach Krieg und Gefangenschaft Studium der Literatur, Geschichte und Philosophie in Regensburg und Tübingen. 1951 Promotion. Von 1949 bis 1957 Mitarbeiter am Süddeutschen Rundfunk. Später zahlreiche Gastprofessuren an amerikanischen Universitäten und Colleges. Walser ist Mitglied der Akademie der Künste, Berlin, der Deutschen Akademie der Darstellenden Künste sowie der Deutschen Akademie für Sprache und Dichtung, Darmstadt, und der Sächsischen Akademie der Künste. Er lebt in Überlingen am Bodensee.

Ulrich Weinzierl, Jahrgang 1954, lebt als Kulturkorrespondent der ›Welt‹ in seiner Heimatstadt Wien. Als Autor und Herausgeber hat er u. a. (zusammen mit Marcel Reich-Ranicki) eine sechsbändige Alfred-Polgar-Ausgabe ediert. 1996 erhielt er den Johann-Heinrich-Merck-Preis der Deutschen Akademie für Sprache und Dichtung.

Leon de Winter, geboren 1954 in 's-Hertogenbosch als Sohn niederländischer Juden, begann schon früh zu schreiben. Seit 1976 arbeitet er als freier Schriftsteller und Filmemacher in den Niederlanden und in den Vereinigten Staaten. Einige seiner Romane wurden für Kino und Fernsehen verfilmt, so z. B. ›Der Himmel von Hollywood‹.

€

Zeittafel zur Geschichte des Euro

1957 : Abkommen von Rom. Gründung der Europäischen Wirtschaftsgemeinschaft (EWG)
Die 15 Mitgliedsstaaten der Europäischen Union 2001 sind:
- Seit 1957: Deutschland, Belgien, Frankreich, Italien, Luxemburg, Niederlande
- Seit 1973: Dänemark, Irland, England
- Seit 1981: Griechenland
- Seit 1986: Spanien, Portugal
- Seit 1995: Österreich, Finnland, Schweden

1979: Europäisches Währungssystem, Bestimmung einer gemeinsamen Geldeinheit (ECU)

1992: Abkommen von Maastricht, Ersetzung der Europäischen Wirtschaftsgemeinschaft (EWG) durch die Europäische Union (EU). Es wird das Ziel einer Wirtschafts- und Währungsunion (WWU) der europäischen Länder festgelegt. Um die Stabilität der neuen Währung zu gewährleisten, werden sogenannte Konvergenzkriterien definiert. Die Erfüllung dieser Kriterien ist Grundbedingung dafür, daß ein Land an der gemeinsamen Währung teilnehmen darf.
Die Konvergenzkriterien sind:
1. Stabiles Preisniveau: Die Inflationsrate darf höchstens 1,5 Prozent über der Inflationsrate der drei stabilsten Staaten liegen

2. Gesunde Staatsfinanzen: Das Defizit des Staatshaushaltes darf höchstens 3 Prozent, die Schulden dürfen höchstens 60 Prozent des Bruttoinlandsproduktes betragen
3. Stabile Wechselkurse: Eine nationale Währung muß mindestens zwei Jahre am Europäischen Währungssystem (EWS) teilgenommen haben
4. Niedriges Zinsniveau: Die langfristigen Zinssätze dürfen höchstens 2 Prozent über dem Zinssatz der drei preisstabilsten Staaten liegen

1994: In Frankfurt wird das Europäische Wirtschaftsinstitut (EWI) gegründet. Es ist die Vorläuferorganisation der Europäischen Zentralbank

1995: Beim Gipfeltreffen von Madrid wird der Name der neuen gemeinsamen Währung festgelegt. Man einigt sich auf den Namen »Euro« entgegen dem früheren Plan, ihn ECU (European Currency Unit) zu nennen

1996: Beim Gipfeltreffen von Dublin wird der Stabilitäts- und Währungspakt vereinbart

1998: In Frankfurt wird die Europäische Zentralbank (EZB) gegründet. Anfang Mai fällt die Entscheidung über den Teilnehmerkreis an der gemeinsamen Währung. In die Europäische Währungsunion werden aufgenommen: Belgien, Deutschland, Finnland, Frankreich, Irland, Italien, Luxemburg, Niederlande, Österreich, Portugal und Spanien. Später kommt noch Griechenland zu dem Kreis der Teilnehmerländer hinzu

1. Januar 1999: Definitive Festlegung des Eurowertes entsprechend den Währungen der Teilnehmerstaaten

1. Januar 2002: Euro-Geldscheine und -Münzen werden in Umlauf gebracht und sind ab 1. März 2002 alleiniges Zahlungsmittel in den zwölf Teilnehmerstaaten